Bernadette Németh

111 Orte rund um den Neusiedler See, die man gesehen haben muss

emons:

Bibliografische Information der Deutschen Nationalbibliothek
Die Deutsche Nationalbibliothek verzeichnet diese Publikation
in der Deutschen Nationalbibliografie; detaillierte bibliografische
Daten sind im Internet über http://dnb.d-nb.de abrufbar.

© Emons Verlag GmbH
Alle Rechte vorbehalten
© der Fotografien: Bernadette Németh, außer:
Ort 17: Roland Schuller; Ort 18: Jüdisches Museum Eisenstadt;
Ort 28: Stefan Zwickl; Ort 40: Sebastian Freiler; Ort 48: 2Beans;
Ort 55: DRESCHER TOURISTIK & LINE; Ort 59: Günther Schönberger;
Ort 80: Johannes Strudler; Ort 81: René Lentsch; Ort 87: Nicole Heiling;
Ort 88: Römisch-katholische Pfarre Rust; Ort 93: Schuhmühle Schattendorf;
Ort 101: Maksimilijan Grgic
© Covermotiv: shutterstock.com/imageBROKER.com
Layout: Eva Kraskes, nach einem Konzept
von Lubbeke | Naumann | Thoben
Kartografie: altancicek.design, www.altancicek.de
Kartenbasisinformationen aus Openstreetmap,
© OpenStreetMap-Mitwirkende, ODbL
Druck und Bindung: Himmer GmbH Druckerei & Verlag, Augsburg
Printed in Germany 2021
ISBN 978-3-7408-1078-8
Originalausgabe

Unser Newsletter informiert Sie
regelmäßig über Neues von emons:
Kostenlos bestellen unter
www.emons-verlag.de

Vorwort

Freizeitparadies oder Mückenlacke – bei Österreichs Seen denkt man oft gar nicht gleich an den größten, den Neusiedler See. Zu eigentümlich ist er, zu sehr »Österreichs seltsamer Gast«, wie schon Franz Werfel schrieb. Tatsächlich gehört sein südlicher Teil zum Nachbarland Ungarn, aus dem mein Vater 1956 flüchtete. Der Eiserne Vorhang verlief lange Zeit direkt durch den See, und auch heute noch bleiben Touristen gern auf der einen oder anderen Seite – weshalb ich ein Buch schreiben wollte, das den See rundherum in all seinen Facetten zeigt. Wussten Sie beispielsweise, dass der viel geschmähte Schlamm eine Wohltat für die Haut ist und auch Salze enthält, sodass man durchaus vom »Meer der Wiener« sprechen kann? Und dass sich darunter ein riesiges Vorkommen gesunder Mineralien befindet, die an manchen Stellen emporsprudeln?

Im ungarischen Teil begegnet man einer Mumie mit Loch im Kopf, 2.000 Jahre alten Gräbern oder dem Halswirbel einer Seekuh in einem unauffälligen Streckhof. Vielleicht wollten Sie auch schon immer wissen, wo die Puszta nach Mexiko benannt ist und man den besten Pálinka trinken kann. Sie müssen dazu nicht extra in den Flieger steigen, können aber in einem solchen über dem See zu Abend essen. Im österreichischen Teil können Sie Millionen Jahre alte Muscheln suchen, die Füße in den Sand stecken wie bei einem echten Meeresurlaub, Wildpferde beobachten oder den besten Wein in der Hölle trinken. Und wo tropft gar schwarzes Gold aus dem Podersdorfer Leuchtturm?

Die Geschichte der Teilung fand 1993 mit der Gründung des grenzüberschreitenden Nationalparks Neusiedler See – Seewinkel ihr friedliches Ende. Bitte beachten Sie im Nationalpark das Wegegebot, das bedeutet: Bleiben Sie auf den markierten Wegen! Und geben Sie sich ruhig auch dem Genuss hin, denn die ganze Gegend ist eine Genussregion. Ich wünsche Ihnen viel Vergnügen!

Bernadette Németh

111 Orte

1 Die Kázmér Csárda

Ab in die Puszta!

»Isten hozott« – also »von Gott geschickt« –, so wird man in Albertkázmérpuszta noch begrüßt! Kaum fährt man, von Österreich kom-
mend, über den winzigen Grenzübergang, gelangt man in ein Dorf
wie aus einem ungarischen Heimatfilm.

Der Sprachwissenschaftler und Leiter der burgenländischen Lan-
desbibliothek Dr. Jakob Michael Perschy formuliert es so: »Wie
auch die österreichischen Alpen im nahen Leithagebirge ihre letzten
Ausläufer präsentieren, so scheint es hier ein ähnliches Phänomen
zu sein. Eine Landschaft tobt sich besonders gern vor ihrem Ende
aus. So wie der Semmering die geballte Alpenromantik vorführt,
hast du am Ende des Kisalfölds nochmals die volle Hungarizität
der Landschaft. Überhaupt: Die ganze Region Várbalog ist etwas
für Kenner. Man muss weit fahren, um es wieder so intensiv ›ungarisch‹ zu haben.«

Das Dorf Albertkázmérpuszta ist nach dem sächsischen Prinzen
Albert Casimir benannt, dessen Gutsbesitz es einst war. 1989 lebten hier nur noch 24 Menschen, da das Dorf aufgrund der Nähe
zum Eisernen Vorhang aus Ungarn ausgeschlossen worden war. Ab
1990 wurde die Grenze zweimal jährlich, zu Pfingsten und am Natio-
nalfeiertag, geöffnet. Seit 2007 ist die Grenze endgültig offen – das
Grenzhäuschen mutet wie ein Spielzeughaus an.

Eine Attraktion ist die neugotische Stephanskirche, für die die
Wiener Votivkirche Vorbild war. Sie wurde 1897 als Dank für das
neunte Kind der Gutsherrin Prinzessin Isabella Croy von Dül-
men erbaut – das nach acht Mädchen ein Junge war – und besticht
durch weltweit einzigartige Ornamente aus gebrannter Keramik.
Nur 400 Meter davon entfernt befindet sich die famose Kázmér
Csárda, die die Atmosphäre perfekt macht: Familie Németh bietet
hier Lángos à la carte an, im Herbst gibt es Gansl aus dem alten
Holzofen. Wer will, isst unter dem alten Apfelbaum oder borgt sich
bei Gyuri ein Fahrrad zum Erkunden der weiten Felder aus.

Adresse Fő út 6, H-9243 Albertkázmérpuszta | **Anfahrt** B 51 bis Mönchhof, auf Halb-turnerstraße L 211 abfahren, fünf Kilometer (durch Halbturn) bis Staatsgrenze und weiter in den Ort | **Öffnungszeiten** Do–Mo 11.30–19 Uhr | **Tipp** Wenn man so richtig abschalten will, bucht man sich am besten eine Suite bei Kázmér Apartman im Haus der Csárda (Felszabadulás utca 6). Der Besitzer bietet Touren auf den Spuren des Eisernen Vorhangs in der tierfreundlichsten Kutsche der Gegend an – einem Traktor.

2 Der Andreasberg

Der niedrigste Berg des Burgenlandes

»Wenn der Berg nicht zum Propheten kommt ...« So lange wollten die Andauer in diesem flachen, östlichsten Zipfel des Gebietes rund um den Neusiedler See nicht warten. Daher schufen sie sich diesen Berg, der aus dem Ursprungssand einer alten Sandgrube und aus Humuserde aus dem Straßenbau besteht, kurzerhand selbst. Das Ergebnis, das seit 2006 von Familie Scheiblhofer gepachtet wird, kann sich sehen lassen: Mitten in der Ebene erhebt sich ein prachtvoller Schauweingarten, an dessen Fuß sich eine Schattenoase mit Waldlehrpfad und einem darin versteckten Spiel- und Fitnesspfad befindet. Mit seiner Gesamthöhe von 24 Metern ist der Andreasberg auch für ungeübte Wanderer problemlos zu bewältigen. Der Andreasberg ist nicht nur der höchste Punkt von Andau, sondern die höchste Erhebung weit und breit.

Direkt auf dem Berg liegen die besten Rebstöcke der Sorten Zweigelt, Merlot und Cabernet Sauvignon und dahinter jeweils ein Stock von 60 verschiedenen anderen Weinsorten. Mit den meisten Sonnenstunden und den höchsten Temperaturen ist Andau als Hitzepol Österreichs bekannt und bietet in Kombination mit mineralischen Schotterböden beste Voraussetzungen für reife und vollmundige Weine wie Legends und Big John.

Großartig ist auch der acht Meter hohe Aussichtsturm oben im Weingarten, von dem aus man bis zu den ungarischen und slowakischen Nachbarn sieht. Eine Rutsche führt vom Beginn des Schauweingartens hinunter in die schattige Baumoase mit dem Waldlehrpfad. Dieser umfasst 50 verschiedene Baumsorten. Fast zu allen Jahreszeiten findet man dort etwas zum Naschen, denn auf dem Naturlehrpfad begegnet man Edelkastanien, verschiedenen Apfelbäumen, einem Maulbeerbaum und sogar einer Streuobstwiese. Dazwischen gibt es im Schatten der Bäume viele Spiel- und Sportgeräte für Kinder und Erwachsene, und man kann sogar hangeln wie die »Ninja Warriors«, wenn man nicht zum Schwimmen will.

Adresse Andreasberg, A-7163 Andau | **Anfahrt** B 51 bis St. Andrä am Zicksee, dann über L 206 nach Tadten, beim Gemeindeamt links und weiter bis Andau, an der Raiffeisenbank links auf Halbturnerstraße, ein Kilometer nach Ortsende rechts Feldweg bis Andreasberg (Tafel an der Wegkreuzung) | **Öffnungszeiten** rund um die Uhr | **Tipp** Wer zu einem guten Scheiblhofer-Wein selbst gegrillten Fisch essen will, erhält diesen immer donnerstags von 9 bis 13 Uhr in der Fischfarm Andau (Ödenburgerstraße 1).

3__ Die Fluchtstraße
Der Wächter des Goldenen Westens

Dass die Grenzübergänge so offen passierbar sind, war nicht immer selbstverständlich. Als die Rote Armee 1956 den ungarischen Volksaufstand blutig niederschlug, flüchteten 70.000 Menschen über die Brücke von Andau, die am 21. November von den Sowjets gesprengt wurde. Der rund neun Kilometer lange, schnurgerade Weg, der von der Brücke nach Andau führt, wird auch »Fluchtstraße« genannt. Die ehemaligen Wachtürme werden heutzutage zur Beobachtung der Großtrappen genutzt, die sich in der »Hanság« genannten, streng naturgeschützten Umgebung vor allem seeseitig aufhalten. Weiters verläuft hier ein Teil des Europa-Radweges Eiserner Vorhang (Iron Curtain Trail). Die Fluchtstraße wurde im Zuge von Künstlersymposien, die der Verein »Gesellschaft für internationale Verständigung – die Brücke von Andau« auf Initiative des Künstlers Franz Gyolcs abhielt, mit 90 Skulpturen versehen, als sichtbares Zeichen für Ablehnung von Gewalt. Die Skulpturen bestehen größtenteils aus Holz und sind Eigentum der Künstler, die sie geschaffen haben.

Gleich zu Beginn der Fluchtstraße auf der Andauer Seite wird man von einer Gedenktafel begrüßt, die »Im Namen des geprüften ungarischen Volkes« den Österreichern dankt, die »die Ersten waren, die sich von der ersten Minute an auf die Seite der Ungarn gestellt und mit aller Kraft geholfen haben«. Die Ungarn honorieren das »mit aller Wärme unserer Seele und unseres Herzens«.

Eine der ersten Skulpturen ist dann auch die schaurigste. Es ist der 1995 vom Hamburger Künstler Johannes Speder geschaffene »Wächter des Goldenen Westens«. In einem Grenzwärterhäuschen steht ein nur mit Unterhose bekleideter hölzerner Mann und blickt in Richtung des rettenden Andau. Er wirkt ein wenig geknickt, gar nicht wie ein strammer Soldat, als habe er verstanden, dass die Zukunft nur darin bestehen könne, auch anderen Freiheit zu gewähren.

Einen schönen Ausblick bietet der Aussichtsturm kurz vor der Staatsgrenze.

Adresse Dammweg, A-7163 Andau | **Anfahrt** B 51 bis St. Andrä am Zicksee, dann über L 206 nach Tadten, beim Gemeindeamt links und weiter bis Andau, dort nach dem Friedhof rechts auf Dammweg, Gedenktafel nach 1,3 Kilometern, Beginn des Fluchtweges bei Skulptur linker Hand | **Tipp** Der Pusztasee Andau lockt mit klarem Wasser und dem Restaurant Tauber am See. Hier kann man tagsüber am See Pizza verspeisen oder abends im Restaurant Fisch à la carte.

4__ Der Darscho
Der schönste Sonnenuntergang

Da fährt man die Bundesstraße entlang, möglicherweise hinter einem Traktor, und auf einmal taucht auf einer Seite ein »Mini-Meer« auf. Denn das ist der Darscho tatsächlich. Der schlammige Seeboden, der aus Soda, Glaubersalz und im Wasser gelöstem Kochsalz besteht, wird auch »Zick« genannt. Kenner wissen, dass auch der Neusiedler See einen Salzgehalt von rund 2.000 Gramm pro Kubikmeter enthält. Im Darscho ist dieser noch höher. Man kann zwar aufgrund seiner geringen Tiefe nicht wirklich darin schwimmen, sich aber in die wohl »größte Badewanne der Welt« legen und bei schönem Wetter den Schneeberg betrachten, der sich westlich wie der Kilimandscharo in Afrika erhebt.

Der Name »Darscho« kommt nicht, wie fälschlicherweise überall verbreitet, vom ungarischen Wort für »Warmsee« im Sinne eines warmen Sees, sondern ist eine Kombination der ungarischen Worte für Grieß, »dara«, und Salz, »só«. Er gehört zu den pannonischen Lacken, von denen viele im Sommer gänzlich austrocknen. Die westlicheren sind Abschnürungen des Neusiedler Sees, die östlicheren wie der Darscho sind in der Eiszeit entstanden, als große Eislinsen wannenförmige Mulden im heutigen Nationalpark hinterließen.

In heißen Sommern kann der Darscho austrocknen und ist dann mit einer grießigen, graupeligen Salzkruste bedeckt. Früher kehrten die Hirten dieses »Soda« mit einem Besen zusammen und brachten es in die Sodafabrik. Die Ortsansässigen betonen bei »Darscho« übrigens die zweite Silbe, was im Ungarischen ungewöhnlich ist.

Fakt ist, dass man mit etwas Glück an diesem Mini-Meer einen der schönsten Sonnenuntergänge des Seewinkels beobachten kann. Den Romantikfaktor erhöht der Pusztabrunnen, der direkt daneben liegt (siehe Ort 42). Im Winter verwandelt sich der Darscho bisweilen in einen fabelhaften Eislaufplatz – schneller als sein großer Bruder, der Neusiedler See. Nur die Ausrüstung muss man selbst mitbringen.

Adresse An der Frauenkirchenerstraße, A-7143 Apetlon | **Anfahrt** B 51, L 205 über Podersdorf und Illmitz nach Apetlon, am Kreisverkehr 3. Ausfahrt auf Wallernerstraße, nach 250 Metern links auf Triftgasse, dann geradeaus auf Frauenkirchenerstraße, Darscho nach zwei Kilometern links direkt an der Bundesstraße, Kiesabfahrt mit kleiner Parkmöglichkeit; mit dem Rad über B 27, Radweg Lange Lacke | **Öffnungszeiten** rund um die Uhr | **Tipp** Mitten in der Puszta, aber in klarem Wasser und versorgt von einem netten Buffet, schwimmt man von Mai bis Oktober im ruhigen Badesee Apetlon.

5 Die Salzgrotte
Und das Meer liegt doch im Burgenland

In einer kleinen Seitengasse zwischen den ortstypischen Streckhöfen liegt der Ort, der das pannonische Dorf Apetlon zu einer echten Alternative zu Urlaub am Meer macht. Der fremd klingende Name stammt vom ungarischen Wort »apátlan« (übersetzt: »vaterlos« im Sinne von »nicht zum Vater gehörend«), was sich auf ein Feld bezog, dessen Besitzer unbekannt war. Ohnehin zählt Apetlon mit seinen 114 Metern über dem Meeresspiegel zum tiefsten Punkt Österreichs (den man wenige Kilometer außerhalb des Ortes sogar besuchen kann) und liegt auch noch zwischen gleich zwei mehr oder weniger salzigen Gewässern – dem Neusiedler See und dem Darscho (siehe Ort 4). Dennoch fehlte bis vor Kurzem ein Hauch echter Meeresbrise. Dieses Problem haben die Betreiber der Apetloner Salzgrotte hervorragend gelöst: Neuerdings kann man hier sogar bei Schlechtwetter Meeresluft atmen.

Eine Dreiviertelstunde in der Salzgrotte soll drei Tage am Meer ersetzen. Bekanntermaßen hat Salz eine positive Wirkung auf die Atemwege. Das Mikroklima hilft aber auch bei bestimmten Hauterkrankungen und Allergien.

Alles begann im Jahr 2014 mit einem Sole-Ultraschall-Vernebler in einem kleinen Wellnessbereich des Ferienhauses. Wegen des großen Erfolges wurde ausgebaut, die Salzgrotte befindet sich nun in einem liebevoll gestalteten Garten, der einem Mini-Kurpark ähnelt. Seit Kurzem besitzt die Salzgrotte als erstes Haus in Österreich die offizielle Zertifizierung des Bundesverbandes der Natursalzwelten e. V.

Bei einer angenehmen Temperatur von 24 Grad Celsius und einer Luftfeuchtigkeit von circa 40 Prozent können auch Babys in die Salzgrotte mitgenommen werden – für größere Kinder gibt es statt einer Sandkiste eine mit Salz gefüllte »Salzkiste« zum Spielen. Erwachsene können im Liegestuhl entspannen und ein Farbenspiel genießen. Bei Bedarf wird die gesundheitsfördernde Wirkung durch einen Propolis-Vernebler verstärkt.

Adresse Sportplatzgasse 55, 7143 A-Apetlon, Tel. 0699/12028272 | **ÖPNV** REX bis Neusiedl am See, Postbus 290, Haltestelle Feuerwehr | **Anfahrt** B 51 bis Apetlon, im Kreisverkehr geradeaus auf Kirchengasse, nach 300 Metern links in Sportplatzgasse | **Öffnungszeiten** Mo−Sa 12−20 Uhr | **Tipp** Ein sehr stimmungsvoller Heuriger, den man direkt danach besuchen kann, ist das Weingut Adrian in der Wallernerstraße 29.

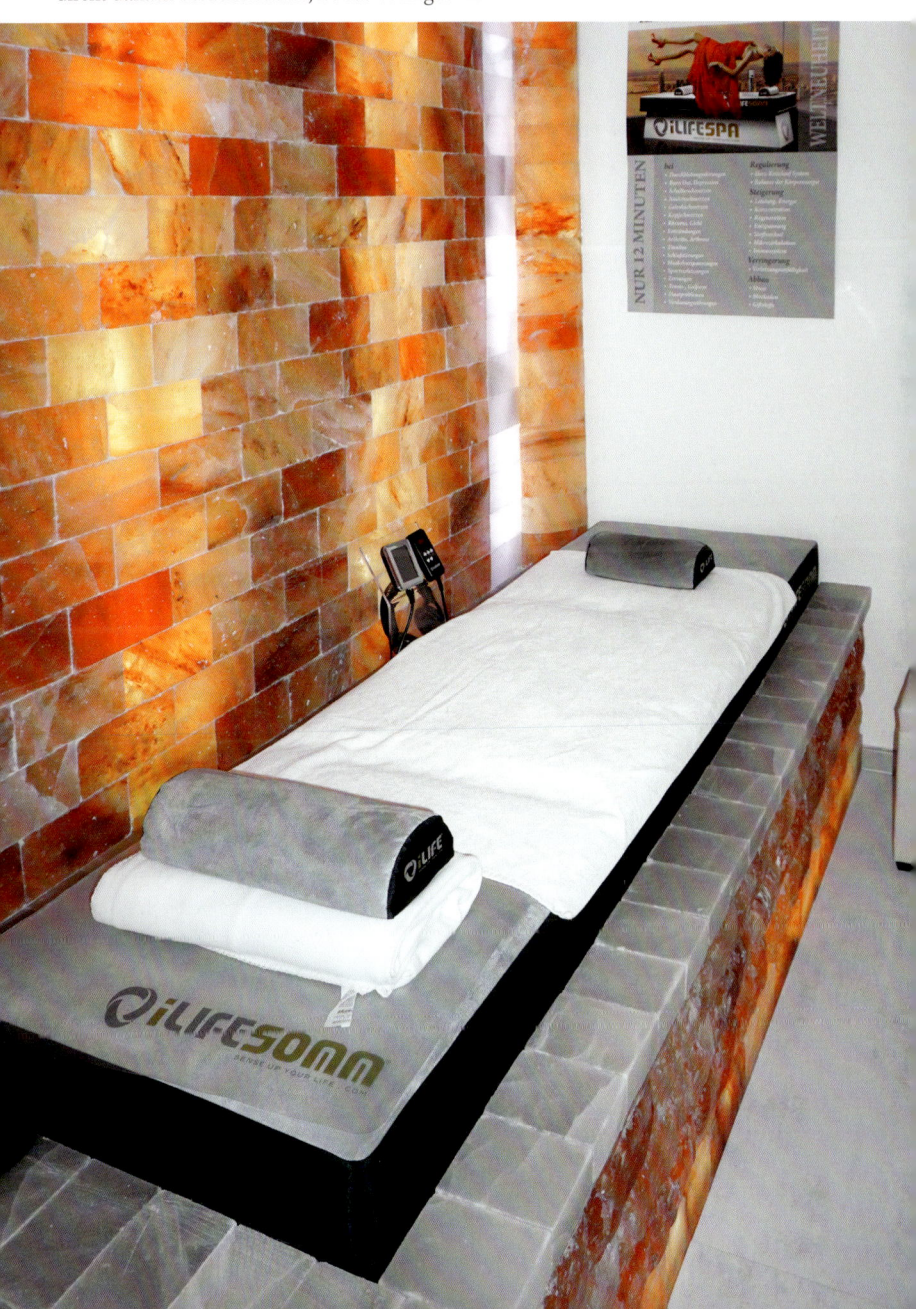

6__Das Heilbad
Gesundheit für alle(s)

Für Wiener ist das besonders interessant: Fährt man die Straße von Sopron hinunter in das ehemalige Sumpfgebiet dreier Schwefelquellen, so glaubt man, plötzlich vor einem Hotel aus den 70er Jahren zu stehen – oder vor dem Krankenhaus Rudolfstiftung in Wien-Landstraße. Tatsächlich handelt es sich hierbei um ein Kur- und Heilbad, das man auch als Durchreisender besuchen kann.

Der Ort Balf ist bekannt für sein schwefelwasserstoffreiches Heilwasser. Schon vor 2.000 Jahren wussten die Römer um die Heilwirkung dieses Wassers, das aus drei Quellen unter der Erde dieses unscheinbaren Dorfes kommt. Bereits um 180 vor Christus dürfte es in der Siedlung eine Badekultur gegeben haben, darauf weisen archäologische Funde hin. Das Heilwasser wirkt sich besonders positiv auf rheumatische und Gelenkserkrankungen aus, eine Kneipp-Badekur hilft bei Krampfadern, Durchblutungsstörungen und Gefäßerkrankungen. Eine Trinkkur bei Krankheiten des Magen-Darm-Traktes. Es gibt auch Wellnessbehandlungen mit Aromabädern oder Unterwassermassagen.

Will man nicht die volle mehrwöchige Badekur buchen, kann man hier auch als Außenstehender schwimmen gehen und einzelne Behandlungen genießen – allerdings meist zu reduzierten Öffnungszeiten, daher empfiehlt sich eine telefonische Nachfrage. Der Schwefelwasserstoff verleiht dem Wasser – wie auch im nahe gelegenen Heilbad Sá-Ra Termál (siehe Ort 34) – seine typisch grüne Farbe.

Ein Ausflug hierher lohnt sich auch zum Spazierengehen. Entfernt man sich einige Schritte vom Heilbad, gelangt man zu einem wildromantischen Park im Stil eines englischen Landschaftsgartens. In diesem befindet sich die 1773 erbaute barocke Badekapelle, die über und über mit Fresken des in Wien geborenen Malers Stephan Dorfmeister verziert ist. Sie zeigen beispielsweise, wie Jesus Kranke heilt. Ein Genuss also auch für die Augen!

Adresse Balfi Gyógyfürdőkórház Sopron-Balf (Balf Medicinal Spa), Fürdő sor 8, H-9494 Balf | **ÖPNV** REX bis Sopron, dann Bus 7209 (stündlich), Haltestelle Sopron (Balf) szanatórium | **Anfahrt** B 84 durch Sopron, am 3. Kreisverkehr 3. Ausfahrt links auf Balfi út, nach vier Kilometern links auf Fürdő sor, nach 500 Metern nach gelbem Haus links auf Zubringer zum Heilbad, Eingang nach 100 Metern rechter Hand | **Öffnungszeiten** variieren je nach Benutzung, Infos unter Tel. +36/99314060 oder Tel. +36/99314061 | **Tipp** Im gegenüberliegenden Restaurant Panoráma in der Fürdő sor 25 gibt es im Erdgeschoss ebenfalls Wellness und Massagen, im ersten Stock die beste Nudelsuppe der Gegend und tolle ungarische Küche!

7 — Der Mineralwasserbrunnen
Ein wahrer Jungbrunnen

Hätten Sie gedacht, dass sich das größte Mineralwasservorkommen Europas unter dem Neusiedler See befindet?

Mineralwasserquellen bilden sich an geologischen Bruchlinien. Diese sind die Folge von Plattenverschiebungen im oberen Bereich der Erdkruste, wo verschiedene Gesteine aneinanderreiben. An diesen Verwerfungen kann Oberflächenwasser in den Untergrund eintreten und Verwitterungsprozesse auslösen. Eine Verwerfungsquelle entsteht, wenn eine wasserleitende durch eine wasserstauende Erdschicht abgeriegelt wird und das Wasser dadurch in die Höhe gedrückt wird.

Die Wasserlager an den Bruchlinien der Nationalparkregion wurden bisher nur an wenigen Stellen angezapft. Im Ortszentrum von Illmitz findet man die bekannte »Bartholomäusquelle«, die zu Seuchenzeiten sauberes Wasser lieferte. Doch die Bruchlinie verläuft quer unter dem See hindurch, und so kann man auch auf der Westseite zu ähnlicher Zeit entstandenes Heilwasser in seine Radflasche füllen. Im kleinen ungarischen Ort Balf befindet sich gleich bei der Ortseinfahrt die Mineralwasserfabrik »Balfi«. Direkt davor steht ein goldgelb gekachelter Brunnen unter einer schattigen Laube. Vier mähnige Köpfe speien das schwefelhaltige Heilwasser Balfs aus, das ähnlich schmeckt, wie der Seeschlamm an der Westseite riecht. Es eignet sich besonders bei orthopädischen Problemen und Magen-Darm-Erkrankungen. Beobachtet man die vielen Menschen, die das Wasser flaschenweise abfüllen, könnte man meinen, dass es sich hier um einen wahren Jungbrunnen handelt. Wer in dem Wasser baden möchte, biege wenige hundert Meter weiter zum Heilbad Balf (siehe Ort 6) ab.

Auf jeden Fall lohnt sich die Fahrt von Fertőrákos nach Balf auch wegen der Aussicht. Achtung: Auch der Asphalt weist einige Verwerfungen auf. Dafür fühlt man sich an heißen Tagen mit Blick auf die kilometerweite unverbaute Landschaft mit den Baumriesen vor dem Schilfgürtel wie in Afrika.

Adresse Fő utca 156, H-9494 Balf | **Anfahrt** B 84 durch Sopron, am 3. Kreisverkehr 3. Ausfahrt links auf Balfi út, nach vier Kilometern links auf Fürdő sor, ein Kilometer bis Kreuzung bei der evangelischen Kirche, dort links auf Fő utca, zwei Kilometer bis Ortsende, dort rechter Hand; Fahrrad-Grenzübergang Mörbisch / Fertőrákos, durch Fertőrákos, fünf Kilometer bis zur nördlichen Ortseinfahrt, dort gleich links | **Öffnungszeiten** rund um die Uhr | **Tipp** Das Afrika-Feeling komplettiert ein Besuch im »Étterem« (Fő utca 8). Dort gibt es gute überbackene Toasts (»melegszendvics«) – und ein echtes Krokodil-Étterem!

8 Das Zwangsarbeiterdenkmal
Niemals vergessen

Auf den ersten Blick ist es ein idyllischer Ort mit Blick auf den See. Erst beim Besuch der Gedenkstätte ahnt man das Grauen, das Zigtausenden ungarischen Juden während der letzten Jahre des Zweiten Weltkrieges hier widerfahren ist.

Die Deportationen aus Budapest begannen, als Hitler bereits klar verloren hatte, als Racheakt der SS und um die letzten Überlebenden nicht dem »Feind« in die Hände fallen zu lassen. Hunderttausende Ungarn wurden auf Gewaltmärsche geschickt, größtenteils zu Fuß in Vernichtungslager wie Auschwitz und Mauthausen getrieben sowie teilweise zum Bau des »Südostwalls« abgezogen. Diese Befestigungsanlage, die die deutsche Wehrmacht an der Südostgrenze des Deutschen Reiches gegen die heranziehende Rote Armee plante, war militärisch völlig sinnlos. Von den Karpaten bis zur Drau hätte sie reichen sollen – ein Teil befand sich hier und zog sich vom Südufer des Neusiedler Sees bis zum Leithagebirge. Es handelte sich um einen Graben, der von Panzern leicht überwindbar war, über Minenfelder und Kugelbunker verfügte und in dem Arbeiter – ebenso wie in den nahe gelegenen Steinbrüchen – zur gezielten Tötung eingesetzt wurden.

Ein großes Zwangsarbeiterlager befand sich in Balf. Unter den Insassen war auch der bekannte ungarische Schriftsteller Antal Szerb. Er wurde im Januar 1944 bei der Arbeit von einem Aufseher zu Tode geprügelt. Zum Gedenken wurde am Hügel hinter der gotischen St.-Farkas-Kirche ein Denkmal errichtet. Dominoartig fallende Grabsteine symbolisieren den Todesmarsch. Das Statuenensemble wurde 2008 von Bildhauer László Kutas und der Architektin Barna Winkler entworfen.

Das frühere Denkmal – ein in Stein gemeißeltes offenes Buch mit einem Zitat Szerbs – wurde in die Friedhofsmauer verlegt. Das Zitat von ihm auf der Steintafel bedeutet übersetzt: »Die Freiheit ist nicht nur Privatsache einer Nation, sondern der gesamten Menschheit.«

Adresse Szerb Antal emlékmű, Temető utca, H-9494 Balf | **Anfahrt** B 84 durch Sopron, am 3. Kreisverkehr 3. Ausfahrt links auf Balfi út, nach vier Kilometern links auf Fürdő sor, ein Kilometer bis Kreuzung bei der evangelischen Kirche, dort links auf Fő utca, nach 250 Metern links abbiegen, steile Straße 200 Meter hinauf, Denkmal schräg gegenüber der Kirche; Neusiedler-See-Radweg B 10 durch Balf | **Öffnungszeiten** rund um die Uhr | **Tipp** Hier befindet sich eine der breitesten Stellen des Schilfgürtels. Vom Nationalparkstützpunkt Lászlómajor aus werden in den Sommermonaten Kanutouren (ungarisch: »Kenu«) entlang der Schilfkanäle angeboten, die hier naturbelassener sind als auf der österreichischen See-seite (Tel. +36/301660950 oder info@fhnp.hu).

9__ Die Edelkirschen

Ganzjähriger Kirschengenuss

Ende März geht es los: Dann verwandelt sich der Kirschblüten-radweg B 12 zwischen Donnerskirchen und Jois in ein Blütenmeer. An den Hängen des Leithagebirges werden seit dem 18. Jahrhundert Kirschen kultiviert. Inmitten der Weingärten wurden einst über 50.000 Kirschbäume gezählt. Zur Kirschblüte muss das ein Naturschauspiel gewesen sein, das heute nur noch im Kleinen stattfindet. Denn es sind, insbesondere von den besonders bedrohten Sorten, nur noch wenige Hochstammbäume übrig. Diese werden durch Sortenerhaltungsinitiativen am Leben erhalten.

Dazu gehört auch die Kirschen-Genussquelle Strohmayer. Andrea Strohmayer verarbeitet diese Kirschensorten zu edlen Produkten. So manche Neusiedler-See-Fans kennen den 100-prozentigen Edelkirschsaft, mit Soda aufgespritzt, als köstlichen Cola-Ersatz. Doch Andrea Strohmayer hat noch mehr im Angebot: Neben Kirsch-Chutneys gibt es Kirschprosecco, Kirschbrot und sogar Kirschnudeln. Interessierte können auch Erlebnisführungen buchen.

Dass die Kirschbäume verschwinden, hängt nach Andrea Strohmayer mit dem intensiven Weinbau zusammen. Das Joiser Ortswappen bildet neben einer Weinrebe auch die Joiser Schwarze Einsiedekirsche ab. Diese ist laut Expertin auch jene Sorte, die am wenigsten Zuckerzugabe brauche. Sehr speziell ist die Kirschsorte »Breitenbrunner Bolaga«: Wenn es während der Reifezeit regnet, kann diese Sorte ihre Eigengröße verdoppeln, ohne zu platzen. Strohmayer betont, dass die Sorten alle unterschiedlich schmecken. Ihre Mutter Rosi, die den Familienbetrieb aufgebaut hat, kennt die Besitzer der Kirschbäume persönlich. Während sie die Sorten gern mischt, setzt Andrea auf Sortenreinheit. Im berühmten Leithaberger Edelkirschsaft sind sie jedoch alle vereint. Diesen gibt es übrigens auch in den Hofläden von Hansagfood (siehe Ort 64). Falls jemand im Winter unbändige Lust auf Kirschen bekommt, ist also vorgesorgt.

Adresse Kirschen-Genussquelle Strohmayer, Prangerstraße 49, A-7091 Breitenbrunn, Tel. 0664/5061459, www.genussquelle.at | **Anfahrt** B 50 durch Breitenbrunn, Kirschen-Genussquelle im selben Haus wie die Bäckerei Naglreiter | **Öffnungszeiten** nach Voranmeldung und an den fixen Ab-Hof-Verkaufstagen siehe www.genussquelle.at/markt; Führungen buchbar unter office@genussquelle.at (Treffpunkt: Kellerring 1) | **Tipp** Wer Lust auf den berühmten Kirsch-Uhudler-Likör und andere köstliche Drinks hat, findet eine reiche Auswahl in der GWÖB-Bar (Eisenstädter Straße 16).

10__Der Höhlenbär

Im höchsten Museum

Es ist nicht das kleinste, aber wohl das höchste Museum am Neu-siedler See: Ganze 33 Meter hoch ist das Turmmuseum in Breiten-brunn mit einem Grundriss von etwa acht mal neun Metern. Über 80 Stufen führen bis zum Dachgeschoss. Gleich im ersten Stock befindet sich das Skelett des rund 30.000 Jahre alten Höhlenbären. Dieser wurde nach dem Ersten Weltkrieg in einer von der Brandung des Urmeeres ausgespülten Bärenhöhle gefunden. Die Höhle, auch »Ludlloch« genannt, ist heute immer noch zu besichtigen.

Über die Herkunft des Wehrturms wurde viel spekuliert. Zuerst in die Zeit der Türkenbelagerung datiert, halten ihn neuere Forschun-gen für viel älter. Danach stammt er aus der Mitte des 13. Jahrhun-derts. Damals war der Ansturm der Mongolen, die Ungarn von Osten her verwüstet hatten, erst kurz vorbei und ein Turm zur Befestigung sinnvoll. 1969 wurde darin das Turmmuseum eröffnet.

Heutzutage genießt man von seiner Balustrade aus einen Rund-blick über den ganzen See bis zum gegenüberliegenden Seewinkel. Im obersten Geschoss gibt es eine Vielzahl an Schautafeln über die Hydrogeologie und die Geschichte des Neusiedler Sees. Auch die älteste Turmuhr des Burgenlandes findet man hier, die nur einen Zei-ger besitzt. Sie stammt aus einer Zeit, in der für die ländliche Bevöl-kerung vor allem die vollen Stunden wichtig waren, damit man über die Arbeits- und Essenszeiten Bescheid wusste. Das obere Geschoss gibt Einblicke in das alte bäuerliche Leben und die verschiedenen Werkzeuge, die man in den Weinbergen oder zur Schilfbearbei-tung brauchte. Den Wehrturm ziert das Breitenbrunner Wappen. Er diente als Pranger und war das Zeichen für eine Marktgemeinde. Drei Wochen vor dem Markttag wurde am Prangerturm eine höl-zerne Hand ausgestreckt und das Marktrecht ausgerufen, das fremde Händler ebenso wie Einheimische schützte.

Besonders stimmungsvoll ist der Besuch bei einer Nacht- oder Kinderführung.

Adresse Prangerstraße, A-7091 Breitenbrunn, Tel. 0268/35562, www.breitenbrunn.at/ kultur/museen/turmmuseum | **ÖPNV** Postbus 580 Richtung Neusiedl am See, Haltestelle Türkenturm Breitenbrunn | **Anfahrt** B 50 durch Breitenbrunn bis zum markanten Stadt-turm (Ecke Kirchengasse) | **Öffnungszeiten** Mai–Sept. täglich außer Mo 9.30–12 und 13–17 Uhr, Okt. bis 16 Uhr | **Tipp** Die von Fledermäusen bewohnte Bärenhöhle von Winden befindet sich ungefähr drei Kilometer nördlich des Nachbarortes. Das Betreten ist offiziell verboten, hinter dem unversperrten Gitter geht es 60 Meter tief ins Gestein.

11__Der Thenauriegel
Wo die Adonisröschen blühen

Am schönsten ist es hier eindeutig im Frühling. Wenn Tausende Kirschbäume in Breitenbrunn ihre Pracht entfalten, blüht eine ehemals karge Steppenwiese gleich mit. Auf dem einzigartigen Trockenrasengebiet zwischen der B 50 und dem Kirschblütenradweg, westlich von Breitenbrunn, bekommt man dann eine ungeahnte Blumenvielfalt zu sehen. Adonisröschen, Kuhschellen, weißer und rosa Lerchensporn, Glockenblumen und lila Diptam, Traubenhyazinthen und Zwergschwertlilien läuten auf der Kalksteinhügelkuppe den Frühling ein.

Die rund 50 Hektar Trockenrasen wurden über Jahrtausende von Tieren beweidet. So wurde ein steppenartiger Lebensraum geschaffen, der nur von einem Weinbaugebiet zerteilt war. Folgt man dem Feldweg ab den Schautafeln, gelangt man auf eine heideartige, von Felsen durchbrochene Wiesenlandschaft. Diese Steine sind ursprünglich Kalkformationen aus dem Urmeer (Tethys), das sich hier erstreckte. An sehr trockenen Stellen haben sich Felsgrasformationen gebildet, die ihre ganze Entwicklung in den feuchteren Frühjahrswochen abschließen. An Tieren finden sich hier der Wiedehopf, Feldlerchen, die seltenen rotflügeligen Neuntöter-Vögel, Ziesel, Äskulapnattern, Smaragdeidechsen und unzählige Schmetterlinge. Der Schachbrettfalter benötigt für seine Eiablage Wiesen, die nicht vor Ende Juli gemäht werden. Die Gegend ist ein Eldorado für Botaniker und Schmetterlingsfreunde: Von den insgesamt über 1.000 in diesem Gebiet lebenden Schmetterlingsarten kommen 80 in ganz Österreich nur hier vor.

Dem Trockenrasenhügel nähert man sich am besten per Fahrrad oder zu Fuß auf einem der kirschbaumgesäumten Güterwege. Auch bei der Station am Fuß des Naturschutzgebietes Thenauriegel kann man eine Rast unter Kirschbäumen einlegen. Dort informieren Schautafeln über den Thenauriegel, der sich – vom Ort aus gesehen – links davon erstreckt.

Adresse Naturschutzgebiet Thenauriegel, A-7091 Breitenbrunn | **ÖPNV** REX bis Neusiedl am See, umsteigen in Regionalzug nach Breitenbrunn, von dort zehn Minuten Fußweg | **Anfahrt** B 50 Richtung Jois / Winden / Breitenbrunn, vor OMV-Tankstelle rechts auf Heideweg, nach 500 Metern links, nach einem Kilometer Rastplatz unter Kirsch-bäumen, Feldweg geradeaus ins Naturschutzgebiet | **Öffnungszeiten** rund um die Uhr zugänglich | **Tipp** Eine Erfrischung nach einer sonnigen Wanderung nicht nur mit dem allerbesten Kirschsaft gibt es bei der »Windsbraut« im Seebad Breitenbrunn, wo man für Strandbadverhältnisse richtig gut essen kann.

12 Der Harrachpark

Die dickste Platane

Am Weg ans »Meer der Wiener« ist das Städtchen Bruck an der Leitha vielen nur als Autobahnabfahrt bekannt – ganz zu Unrecht! In dem niederösterreichischen Städtchen, dessen Bahnhof im Burgenland liegt, kann man so manchen unentdeckten Schatz bewundern – zum Beispiel die dickste Platane im romantischen Harrachpark. Dieser verwunschene, schattige Park gehört zu den artenreichsten Mitteleuropas. Er wurde als Barockgarten für das österreichisch-böhmische Adelsgeschlecht der Familie Harrach angelegt und Ende des 18. Jahrhunderts in einen englischen Landschaftsgarten umgestaltet. Er besticht durch seltene Bäume und blumenreiche Wiesen. Gewundene Flussarme der Leitha wurden in die Landschaft integriert und bilden verträumte Ruheplätze neben malerischen Baumgruppen.

Ursprünglich umfasste die Sammlung 6.000 verschiedene Arten auch exotischer Bäume, besonders sehenswert sind die bis zu 300 Jahre alten Eichen, von denen man eine sogar betreten kann. Wunderschön sind auch die monumentalen Platanen mit einem Stammumfang zwischen fünf und neun Metern. Die dickste ist die ahornblättrige Platane mit einem Umfang von zehn Metern, die allerdings aufgrund eines Brandes an Schönheit eingebüßt hat. Man findet sie etwa 20 Meter westlich des Pavillons bei der Brücke, zwischen dem Pavillon und der Kaukasischen Flügelnuss. In den Sommermonaten, wenn Schafe als »natürliche Rasenmäher« den Park beweiden, bilden die monumentalen Bäume eine romantische Kulisse. So manche Brücke lädt zum Verweilen ein.

Apropos Brücke: Schon die Römer bauten in diesem Ort eine Brücke über die Leitha, die heute noch die Grenze zwischen den Bundesländern darstellt. Sehenswert ist auch im Nachbarort Bruckneudorf die Palastvilla der kaiserlichen Familie, die in der zweiten Hälfte des 1. Jahrhunderts entstand. Die prächtigen Bodenmosaiken sind im Landesmuseum Eisenstadt ausgestellt.

Adresse Harrachpark, Eingang Pachfurther Straße, A-2460 Bruck an der Leitha | **Anfahrt** A 4 bis Bruck/Leitha-Ost, dann B 211 bis Kreisverkehr kurz nach dem »Billa« | **Öffnungs-zeiten** rund um die Uhr | **Tipp** Nach dem Besuch des Eissalons »La Vie« (Hauptplatz 21) kann man am Rand der Innenstadt die alte Stadtmauer mit ihren erhaltenen Wehrtürmen und dem Stadtgraben bewundern.

13__Die Alpakas
Entspannungstrainer auf vier Beinen

Mit ihren Knopfaugen und den lächelnden Mündern sehen sie wie Kuscheltiere aus und erobern nicht nur die Herzen von gestressten Stadtmenschen im Sturm. Manche Alpakas lassen sich sogar streicheln. Doch die robusten Tiere aus dem Hochland der Anden sind eigentlich keine Kuscheltiere. Sie gehen auch nicht unbedingt immer gern spazieren.

»Die meisten verbinden mit Alpakas gleich ›wandern‹«, lächelt Ulli Pichlmayer vom Alpakagut Pichlmayer in Bruckneudorf. »Wir legen den Schwerpunkt bewusst auf Entspannung in Form von Tierbegegnung und Workshops.«

Das Alpaka ist die älteste domestizierte Kamelform. Sie wird vorwiegend wegen ihrer Wolle gezüchtet. Diese wird seit dem Altertum »Vlies der Götter« genannt. Sie ist sehr leicht, schmutz- und geruchsabweisend und hat sogar eine antibakterielle und temperaturregelnde Wirkung. Die Wolle der Pichlmayer-Alpakas gibt es beispielsweise auf den Adventsmärkten in Bruck an der Leitha und Bruckneudorf zu kaufen. Fühlen kann man sie beim tiergestützten Workshop, insbesondere das weiche Fell von Alpakastute Ipanema, die sich vor Besuchern tatsächlich hinlegt, weil sie es liebt, gestreichelt zu werden. Schon mehrmals wirkten die wolligen Alpakas bei der Tierbegegnung als vierbeinige Therapeuten. Auch Alpakas spucken, aber sie verwenden dies als Kommunikationsform, um andere Tiere zurechtzuweisen. Menschen zeigen sie mit ihrer Körpersprache und mit summenden Geräuschen, was sie mögen oder nicht.

Alpakas besitzen keine Hufe, sondern weiche, ledrige Klauen, was ihnen in Kombination mit dem wolligen Beinfell den drolligen Gang verleiht. Auch mehrere Deckhengste gibt es auf dem Hof, noch darf die Herde ruhig größer werden. Sie alle scheuen nicht vor dem Liegestuhl zurück, der mitten auf der Weide steht und auf dem man gemeinsam mit den Tieren in Gedankenreisen eintauchen und dabei wunderbar entspannen kann.

Adresse Alpakagut Pichlmayer, Feriensiedlung, A-2460 Bruckneudorf, Tel. 0650/4523914, E-Mail: ulrike.pichlmayer@bkf.at, www.alpakagut.at | **Anfahrt** B 10 bis Bruck an der Leitha, bei der Ortseinfahrt rechts halten Richtung Bruckneudorf, drei Kilometer nach der Leithabrücke am Ortsende links abbiegen auf »Feriensiedlung«, Alpakagut nach 100 Metern rechts | **Öffnungszeiten** nach Vereinbarung | **Tipp** Wer mit Alpakas im Seewinkel wandern möchte, ist bei »Mondschein Alpakas« in Andau (Waldgasse 9) gut aufgehoben. Einige der Tiere stammen vom Alpakagut Pichlmayer.

14__Die Lamas

Per Wüstenschiff ins Leithagebirge

Es ist ein etwas unwirkliches Bild, wenn sie sich aus der Ferne, mit schaukelnden Schritten wie eine Kamelkarawane, nähern. Mit den Weinbergen des Leithagebirges im Hintergrund wirken sie wie ein Bildausschnitt, der in eine andere Landschaft gesetzt wurde, doch jeder kann Teil der Karawane werden!

Aufs Lama gekommen sind Ewald und Maria Theresia Striok 2008 durch Zufall über eine Internetseite, als sie – bereits bestens auf Tiere eingerichtet – auf der Suche nach einem tierischen Geburtstagsgeschenk waren. Sie verliebten sich sofort in die kuscheligen Tiere, die als Geschenk dann doch nicht in Frage kamen. Am Ende erhielt das Geburtstagskind einen Wellnessgutschein und sie selbst die Lamas. Da das Ehepaar noch immer um seine verstorbene Hündin Lady trauerte, waren die Lamas ursprünglich so etwas wie ein Hundeersatz: Natürlich gingen sie auch jeden Tag mit ihnen »Gassi«. In der kleinen Gemeinde fiel dies auf, und immer mehr Menschen wollten mitgehen. So entstand das »Lamawandern« quasi von allein.

»Lamas sind von Natur aus sehr liebe und rücksichtsvolle Tiere. Sie weiden auf den Bergterrassen von Peru und werden auch als ›Delphine der Erde‹ bezeichnet, weil sie sehr empathisch sind und sich ihre innere Ruhe auf den Menschen überträgt«, erklärt Maria Theresia Striok. Angst vor dem Spucken braucht man auch keine zu haben, dies erfolgt meist nur innerhalb der Herde, bei Revierkämpfen. Ansonsten sind die wolligen Gesellen sogar babytauglich.

Beim Spazierengehen lernt man, auf die Tiere einzugehen und sie zu überzeugen, mit einem mitzugehen – in dem für Lamas typischen Passgang (weshalb sie auch nicht zum Reiten geeignet sind). Auf jeden Fall gibt es für jeden Besucher die passende Lamawanderung – vom Kinderwagenkind bis hin zu Senioren. Der bislang älteste Teilnehmer war laut Ewald Striok 92 Jahre alt. Es ist also noch Luft nach oben!

Adresse Familie Striok, A-7082 Donnerskirchen, Tel. 0676/7565727, www.lama-wanderungen.at | **Öffnungszeiten** ganzjährig nach Vereinbarung, Termine siehe Homepage | **Tipp** Wer ganz unexotisch in Süßwasser schwimmen möchte, fährt in die Hauptstraße 29 und besucht das nahe Sonnenwaldbad Donnerskirchen. Mit seinen Bergterrassen ist es eines der schönsten Schwimmbäder des Burgenlandes.

15__Die Schlösslpilze

Seitlinge von den Pyzbuam

Austern findet man im Neusiedler See zwar (noch) nicht, sehr wohl aber Austernpilze. Die Seitlinge wachsen in traubenförmigen Kolonien und erinnern mit ihren zarten Blättern an die empfindlichen Meeresfrüchte. Dabei sind sie jedoch robuster. Die nährstoffreichen Pilze werden nämlich in einem Keller auf Kaffeesud gezüchtet, der in der Gastronomie als Abfall anfällt. Die beiden Eisenstädter Maximilian Höller und Martin Csanyi, die diese Idee hatten, experimentierten zuerst im Keller von Csanyis Vater, bevor sie im Untergeschoss des romantischen Martinsschlössls in Donnerskirchen, eines Gutshofs aus dem 16. Jahrhundert, perfekte Bedingungen fanden.

Am Eingang zum Keller erinnert eine Gedenktafel an die düstere Geschichte des Gebäudes. In den letzten Tagen des Zweiten Weltkrieges befand sich hier ein Lager für ungarische Zwangsarbeiter, die für die Arbeit am Südostwall verschleppt worden waren. Jetzt wachsen hier wertvolle Nahrungsmittel.

Den Kaffeesud für die Pilze sammeln die beiden Jungunternehmer ganz nachhaltig jeden zweiten Tag in Eisenstadt und zwischen Rust und St. Margarethen in gastronomischen Betrieben ein. Im Monat sind das immerhin ungefähr 1,5 Tonnen. Die Agrarwissenschaftler Höller und Csanyi, die sich seit Kindergartentagen kennen und sich auch einfach »Pyzbuam« nennen, füllen das Substrat in Säcke, mischen dazu noch die Silberhaut von Kaffeebohnen und impfen den Pilz hinein.

Nach wenigen Wochen reifen die Pilze im dunklen, warmen Inkubationsraum. Anschließend werden die gelochten Säcke in die helleren Fruchtungsräume übersiedelt, wo die Pilze seitlich herauswachsen. Schließlich hängen Trauben von Pilzen in allen Formationen von der Decke. Die Pilze werden auf regionalen Märkten sowie online verkauft oder gleich weiterverarbeitet. Der Erfolg gibt ihnen recht: Das erste Pilzpesto war innerhalb kürzester Zeit ausverkauft.

Adresse Hauptstraße 57, A-7028 Donnerskirchen, www.schloesslpilze.at | **Anfahrt** B 50
bis Donnerskirchen, bei der Ampel in der Ortsmitte Richtung Leithagebirge abbiegen,
Martinsschlössl nach circa 500 Metern links | **Öffnungszeiten** Onlineshop rund um die
Uhr | **Tipp** Die köstlichen Seitlinge gibt's zum Beispiel im Restaurant »Freuraum« in Eisen-
stadt (Fanny-Elßler-Gasse 3), das mit herrlichen (auch orientalischen) vegetarischen und
veganen Kreationen aufwartet – womit bewiesen ist, dass es auch das im Burgenland gibt.

16__Die Alm by Rabina
Land der Berge

Es wäre kein richtiger Österreich-Urlaub, wenn man nicht auf eine Alm gehen könnte. Selbstverständlich kann man das auch am Neusiedler See! Mit nur 120 Metern über dem Schloss Esterházy und deutlich unter der Baumgrenze gelegen, ist der Aufstieg auch für Ungeübte zu schaffen.

Schon im 19. Jahrhundert war der Gloriette-Berg wegen seiner schönen Aussicht als Landschaftsgarten prädestiniert. Fürst Nikolaus II. Esterházy hatte ihn zunächst für einen Marientempel errichten lassen. Zu dieser Zeit galt es als modern, derartige Landschaftsparks als Erholungsgebiete anzulegen. Dabei orientierte man sich an der Natur und bildete einen bewussten Kontrast zu den geometrisch exakten Barockgärten. In Landschaftsgärten wurden romantische Akzente gesetzt. Die Gloriett mit ihren griechisch anmutenden Säulen im mediterranen Nadelwald, der außer bei grellem Sonnenschein öfter mal im Nebel versinkt, ist ein Beispiel dafür.

Einst ein Jagdschloss, befindet sich heute ein vorzügliches Restaurant dort: die Alm by Rabina. Auf der schlank gehaltenen Speisekarte stehen frische Gemüsegerichte, und auf Wunsch wird sogar vegetarisch oder vegan gekocht. Die Gloriett ist hervorragend für Besuche mit der Familie geeignet und verfügt über einen großen Naturspielplatz. Weiters ist sie Ausgangspunkt für mehrere Wanderwege ins Leithagebirge, welches hier beginnt. Besonders erwähnenswert ist der einstündige Walderlebnispfad mit Fitnessgeräten, man kann aber auch einen Aufstieg zur Raiffeisen-Jubiläumswarte, zum Buchkogel oder zur Naturhöhle Kürschnergrube (am Weitwanderweg 02) wagen oder sogar das Leithagebirge zum Pilgerort Loretto mit der Schwarzen Madonna überqueren. Nehmen Sie bitte unbedingt eine Wanderkarte mit (gratis beim Tourismusbüro Eisenstadt erhältlich). Das Leithagebirge kann trotz der geringen Höhe seiner Almen nämlich durchaus weitläufig sein, sodass sich schon einige Wanderer darin verirrt haben.

Adresse Glorietteallee 51, A-7000 Eisenstadt, Tel. 02682/24090, www.diealm.at | **Anfahrt** A 3 bis Knoten Eisenstadt, S 31 und B 50 ins Zentrum, am Kreisverkehr auf B 52 Richtung Schloss Esterházy, beim Schlosspark auf Glorietteallee, dann immer geradeaus, circa ein Kilometer bis Linkskurve, Wegweiser 150 Meter zu Fuß folgen | **Öffnungszeiten** Mo–Sa 11–23 Uhr, So 10–18 Uhr | **Tipp** Der höchste Berg des Leithagebirges ist mit 484 Metern der Sonnenberg in Hornstein, der sich von hier aus erwandern lässt (zuerst Richtung Weg-kreuzung »Zum Juden«, dann der Tafel »Sonnenberg« folgen). Dort gibt es eine schöne Warte.

17___Haydn explosiv

Musik aus revolutionären Zeiten

Die Gegend rund um den Neusiedler See ist untrennbar mit der Musik Joseph Haydns verbunden. Dieser wirkte von 1761 bis 1803 als Hofmusiker, Kapellmeister und Komponist für das Haus Esterházy. Lange Zeit lebte er im Schloss in Fertőd (siehe Ort 20), wo er durchaus gefordert war, musste er doch mit seinen Musikern für den Fürsten regelmäßig neue Sinfonien komponieren, was für einen gewissen Druck sorgte. Mit der Zeit gewann er jedoch das Vertrauen des Fürsten und wagte Revolutionäres mit der Sprache der Musik: So erbat er mit Hilfe einer traurigen Komposition einen kurzen Heimaturlaub für seine Musiker, was normalerweise nicht erlaubt war, als Leibeigener riskierte er mit dieser Aktion sogar sein Leben. Als er als freier Mann schließlich in London wirkte, erzeugten seine Konzerte in der Damenwelt einen ähnlichen Hype wie heute Popkonzerte.

»Verstaubt« war Haydn also nie, im Gegenteil. Er war ein erstaunlicher Erneuerer. So passt diese moderne Dauerausstellung in der Sala Terrena des Schlosses in Eisenstadt, kuratiert durch Herbert Lachmayer, hervorragend zu ihm. Hier werden historische Autografe, Notendrucke, Gemälde, Grafiken und Musikinstrumente gemeinsam mit Arbeiten renommierter zeitgenössischer Künstler präsentiert. Den Boden bedeckt ein bunter Teppich des Pop-Art-Künstlers Roy Lichtenstein, um die Ecke locken Soundinstallationen, und auf der Decke scheint eine riesige Projektion regelmäßig zu explodieren: Es ist ein beeindruckendes Erlebnis für Augen und Ohren.

Anhand von Multimediastationen und einzigartigen historischen Dokumenten aus den Esterházy-Sammlungen beschreibt die Ausstellung einen musikalisch-kulturgeschichtlichen Bogen von Haydns frühen Jahren am Esterházy-Hof bis hin zu seinen umjubelten Konzerten in London und von seiner späten Schaffenszeit bis hin zu feierlich begangenen Jubiläen und Rezensionen im 20. und 21. Jahrhundert.

Adresse Schloss Esterházy, Esterházyplatz 1, A-7000 Eisenstadt, Tel. 02682/63004-7600, www.esterhazy.at/schloss-esterhazy | **Anfahrt** A 3 bis Knoten Eisenstadt, S 31 und B 50 ins Zentrum, am Kreisverkehr auf B 52 Richtung Schloss Esterházy | **Öffnungszeiten** 1. Juli – 1. Nov. täglich 10 – 17 Uhr, 2. Nov. – 31. Dez. Sa, So, Feiertage 10 – 17 Uhr | **Tipp** Haydns Gebeine ruhen im Haydn-Mausoleum der sehenswerten Bergkirche (Haydnplatz 1). Der Kopf kam erst später hinzu. Anhänger der Gallschen Schädellehre, die seine Genialität via Kopfform erklären wollten, hatten ihn nach Haydns Tod 1820 gestohlen, sodass dieser zunächst kopflos bestattet werden musste.

18__Die Wertheimer-Synagoge

Die älteste Österreichs

Wie sieht eine Synagoge eigentlich von innen aus? Wer immer schon mal ein jüdisches Gotteshaus besichtigen wollte, findet im Österreichischen Jüdischen Museum in Eisenstadt eine original erhaltene Synagoge aus dem 17. Jahrhundert.

Vor 300 Jahren besaß Eisenstadt eine große jüdische Gemeinde. Als Leopold I. im Jahr 1670 die Juden aus der Stadt vertrieb, gewährte ihnen die Familie Esterházy Niederlassung und Schutz, dafür mussten Juden Steuern entrichten – in Eisenstadt und in sechs weiteren Gemeinden wie Mattersburg, Deutschkreutz und Frauenkirchen (siehe Ort 27). Diese wurden »Siebengemeinden« (Sheva kehillot) genannt. Die Synagoge im Wertheimerhaus überstand sowohl die Pogromnacht im November 1938 als auch die Zeit danach. Benannt ist sie nach dem 1658 in Worms geborenen Samson Wertheimer. Dieser war Hoffaktor, also ein für das höfische Herrschaftszentrum beschäftigter Kaufmann, Oberrabbiner und größter Kreditgeber des Habsburgischen Hofes. Bis 1840 hatte die »Wertheimer'sche Schul«, wie die Synagoge früher genannt wurde, sogar einen eigenen Rabbiner. Synagogen dienen nämlich nicht nur dem jüdischen Gottesdienst, sondern auch Gemeindeveranstaltungen, Hebräischschulen und der Erwachsenenbildung.

Am 13. Juni 1979 wurde die Synagoge durch den damaligen Wiener Oberrabbiner Dr. Eisenberg eingeweiht. Sie ist die älteste aktive Synagoge österreichweit. An der Ostwand befindet sich auf einer sieben Meter hohen und drei Meter breiten Stahlkonstruktion eine Installation mit 755 originalen Jahrzeittafeln von Verstorbenen. »Jahrzeit« bezeichnet das jährliche Gedenken an Verstorbene und wird am Tag ihres Todes abgehalten. Sie gilt im jüdischen Glauben als Ehrerbietung, die man einem Verstorbenen erweist.

Der Rundgang im ersten Stock des Museums gibt einen Einblick in jüdisches Leben, so steht dort ein wunderschönes Jugendstil-Handwaschbecken mit orientalischen Elementen.

Adresse Österreichisches Jüdisches Museum, Unterbergstraße 6, A-7000 Eisenstadt, Tel. 02682/65145, www.ojm.at | **Anfahrt** A 3 bis Eisenstadt, über B 50 und 52 bis Glorietteallee, dann auf A 59 (Esterházystraße) bis Wertheimergasse, 1. Straße rechts in Unterbergstraße | **Öffnungszeiten** 2. Mai – 26. Okt. Di – Fr und So 10 – 17 Uhr (letzter Einlass 16.15 Uhr), 27. Okt. – 1. Mai Mo – Do 9 – 16 Uhr, Fr 9 – 13 Uhr, für Gruppen nur nach Voranmeldung | **Tipp** Auch in Sopron befand sich eine große jüdische Gemeinde. In der Új utca 18 in der Innenstadt (siehe Ort 96) hängt ein Porträt des in Auschwitz ermordeten Mädchens Liana Boros, vor dem auf einer Ablage kleine Steine wie auf ein Grab gelegt werden können.

19 __ Die Gloriett
Dreaming of Africa

Einmal den Blick über fast völlig unberührte Landschaft streifen lassen, das kann man am Neusiedler See selten. Am West- und Nordufer reihen sich die Orte wie an einer Perlenkette aufgereiht aneinander, und im Seewinkel kommt man gar nicht so nahe an den See heran. Den eindeutig schönsten Blick hat man daher von diesem versteckten frühklassizistischen Aussichtsturm im kleinen ungarischen Örtchen Fertőbóz, von dem aus man tatsächlich – bis auf die Ausläufer der österreichischen Grenze ganz links – kilometerweit kein einziges Haus zu sehen bekommt.

»Fertő« bedeutet eigentlich »Sumpf«, und hier wird auch klar, warum: Kilometerweit erstreckt sich der sumpfige Schilfgürtel vor dem Auge des Betrachters, wenn er die 312 Stufen zu diesem Kleinod überwunden hat. Dazu startet man am besten beim Treuedenkmal oder – wenn man nicht so viele Stiegen steigen möchte – beim Felsausschnitt, der eindrucksvoll das geologische Kalksteinriff zeigt, oder man geht über die Weinberge hinter der Kirche. Erwischt man die Tageszeit, in der die Geländekante noch nicht ihren Schatten wirft, leuchtet der Schilfgürtel je nach Jahreszeit blitzgrün bis goldbraun.

Die Gloriett steht auf der steilen Geländekante, die sich von Hidegség bis nach Balf zieht und einst das südliche Ufer des Neusiedler Sees gewesen ist. Dessen tektonische Einsenkung mit der steilen Bruchstufe an diesem Teil des Seeufers entstand im Erdzeitalter Pleistozän vor rund 13.000 Jahren. Zur Zeit seiner maximalen Ausdehnung in den 1940er Jahren reichte der See – nachdem er im 17. und 18. Jahrhundert bereits zweimal ausgetrocknet war – wieder bis hierher. Der Schilfgürtel ist also erst rund 100 Jahre alt – trotzdem sieht die Landschaft aus wie eine afrikanische Savanne.

Ursprünglich errichtet wurde die Gloriett übrigens nicht von den Römern, sondern von Graf Ferenc Széchenyi, dem Vater von István Széchenyi (siehe Ort 61).

Adresse Csúcsos-dűlő, H-9493 Fertőboz | **Anfahrt** A 3 bis Klingenbach, B 84 durch Sopron, am 3. Kreisverkehr auf Balfi út, acht Kilometer geradeaus bis Fertőbóz, im Ort über die Stiege beim Treuedenkmal gegenüber Fő utca 61; alternativ von Sopron kommend rechts bei der Kirche einbiegen, am Ende des Schotterweges den Bergpfad neben dem ersten Haus hinauf, dann den Holzschildern folgen | **Öffnungszeiten** rund um die Uhr zugänglich | **Tipp** Verkosten kann man die Weine, die rund um die Gloriett angebaut werden, in der urigen Vinothek mit dem Storchenschnabel im Logo (Vincellér bórbirtok, Fő utca 30).

20__Der Rosengarten

9.000 Rosen für Gräfin Cziráky

Als würde es Rosen regnen – so fühlt man sich jedes Jahr im Barockschloss im ungarischen Fertőd, wenn man den Rosengarten von Gräfin Margit Cziráky besucht.

Die Gräfin war für das 19. Jahrhundert eine emanzipierte Frau. Sie war die Frau von Fürst Nikolaus IV. und die Schwiegermutter der Tänzerin Melinda Esterházy. Margit Cziráky wurde nur 36 Jahre alt, sie starb 1910 nach der Geburt ihres sechsten Kindes Bernadette Maria an einer Embolie. Trotzdem hat sie in der sehr männlich geprägten Familie Spuren hinterlassen. Sie war körperlich aktiv und fuhr gern Fahrrad – für Damen der damaligen Zeit eine Besonderheit. Sie erwähnte in ihren Briefen, dass sie von ihrem Mann einen Fahrradsattel bekommen hätte. In den Schlössern in Eisenstadt und Esterházy veranlasste sie die Elektrifizierung, förderte den Aufbau eines pädagogischen Kindergartens, eines Waisenhauses und einer Bibliothek. Außerdem gestaltete sie die Räume und Parks. Czirákys Lieblingsblumen waren Rosen. 1908, nur zwei Jahre vor ihrem Tod, legte sie im Garten des Schlosses Fertőd einen Rosengarten an. Er liegt hinter dem Schloss am Rand des romantischen, leicht verwitterten englischen Parks. Im Frühsommer blühen dort 9.000 Rosen gleichzeitig und bezaubern mit ihrem Duft.

Der Rosengarten wurde – basierend auf zeitgenössischen Fotografien und Beschreibungen – rekonstruiert. Vom alten Rosengarten sind das einstige Laubensystem und der zentrale Pavillon erhalten geblieben. 8.700 Rosenstöcke wurden in den neuen Rosenbeeten gepflanzt. Bei der Auswahl der Sorten wurde auf solche Wert gelegt, die sich neben besonders intensiven Duft auch durch besondere Frosthärte auszeichnen. Die Winter im Seewinkel sind zwar kurz und schneearm, allerdings kann ein scharfer Ostwind für heftige Fröste sorgen, die auch den Weinbauern regelmäßig Kummer bereiten. Doch hier blühen die Rosen jedes Jahr wieder. Beim Besuch des Schlosses absolut sehenswert.

Adresse Schloss Esterházy, Joseph Haydn utca 2, H-9431 Fertőd | **ÖPNV** REX bis Fertőd, vom Bahnhof circa zehn Minuten zu Fuß in Richtung Schloss Esterhazy | **Anfahrt** A 3 bis Klingenbach, B 84 durch Sopron, am 3. Kreisverkehr 3. Ausfahrt links auf Balfi út, dann 20 Kilometer bis Fertőd, Schloss an der Hauptstraße; Alternative: B 51 bis Pamhagen Landesgrenze, dann acht Kilometer geradeaus, bei Kreuzung Pomogyi út / Joseph Haydn út links | **Öffnungszeiten** 1. Juni – 30. Sept. Mo – So 10 – 18 Uhr | **Tipp** Im Restaurant Gránátos gegenüber dem Schloss gibt es gute ungarische Küche. Empfehlung: Túros csusza (Topfen-nudeln mit Speck), Hühnchenfilet im Kartoffelteigmantel mit Käse sowie Esterházy-Torte.

21__Das Felsentheater

Musik zwischen Fischen

Gibt es im Neusiedler See Haie? Im See glücklicherweise nicht – aber am Ufer schon, nämlich im Fertőrákoser Felsentheater. Vor 340 Millionen Jahren wogte genau hier das Urmeer Thetys, und diesem zu Ehren wurde im ehemaligen Steinbruch eine Ausstellung mit interaktiver Show errichtet. Abends gibt es hier kulturelle Aufführungen, doch auch tagsüber und sogar mit Kindern ist der Steinbruch einen Besuch wert.

Erklimmt man den äußeren Teil auf einem gut gesicherten Wanderpfad, hat man bei der Riesen-Stacheldraht-Säule einen spektakulären Blick über den See. Wagt man sich in die Tiefe, wird man mit Fischnachbildungen in Originalgröße belohnt, doch Achtung – ziehen Sie sich warm an! Hier ist es auch im Sommer sehr kühl. Kinder können in ein Fischmaul schlüpfen und die zahlreichen Simulationen bewundern. Im hinteren Bereich wird man über den Kalk informiert, der in zahlreichen alten Wiener Bauten, so auch im Stephansdom, Verwendung fand. Wer sich fragt, wie die riesigen Steine vor dem Zeitalter der Motorisierung hierhertransportiert wurden, der findet die Antwort auf alten Bildern und Nachbildungen von Schlitten, die von zehn bis zwölf Ochsen gezogen wurden. Mit einem Lift kann man die hohen unterirdischen Hallen erkunden.

Eine Gedenktafel erinnert auch an traurige Zeiten: In der NS-Zeit wurden, wie in alle Steinbrüche der Gegend, jüdisch-ungarische Zwangsarbeiter zur Schwerstarbeit hierherverschleppt (siehe Ort 8).

Tritt man wieder ans Tageslicht, glaubt man, aus mehreren hundert Metern Tiefe an die helle Wasseroberfläche geschwommen zu sein. Schwimmen konnte man früher im Strandbad von Fertőrakos, das aber derzeit wegen Bauarbeiten gesperrt ist. Das nächste Seebad liegt im österreichischen Mörbisch. Sehr schön baden kann man auch im klaren Wasser eines Badesees im nahen Tómalom, einem Vorort von Sopron, wo sich ein idyllisches Strandbad befindet.

Adresse Fő utca 1, H-9421 Fertőrákos | **Anfahrt** B 84 bis Sopron, am Kreisverkehr bei der Kirche Szent Mihály auf Pozsony út, Vámház sor bis Fertőrákos | **Öffnungszeiten** täglich 10–17 Uhr | **Tipp** Im nahen Fischrestaurant Balfi halászcsárda (Fő utca 2) gibt es Fisch nach Herzenslust – und fünf verschiedene Fischsuppenvarianten.

22 — Das Kristallmuseum

In einem Land vor unserer Zeit

Fährt man von Norden in den kleinen Grenzort Fertőrákos, gelangt man in einen typisch ungarischen Ort mit bunten Häusern. Zu Ostern sind die Bäume am Straßenrand mit Ostereiern geschmückt. Und noch eine Besonderheit gibt es hier, die für Schnellreisende leicht zu übersehen ist: das Kristallmuseum der Familie Makovnik. Im Internet findet man nicht einmal die Hausnummer. In der Mitte des Ortes steht eine geschnitzte Statue des Ritters Friedrich von Kreuzpeck, der sich im 14. Jahrhundert bei einem seiner vielen Kämpfe an die Seite des österreichischen Herzogs gestellt hatte. Schräg gegenüber ist ein Heuriger, und links davon weist ein Schild in eine schmale Gasse neben einem unauffälligen Streckhof. Diese geht man hinein, dann läutet man an der Haustür. Die Familie wohnt im Haus nebenan.

Hat der Herr des Hauses geöffnet, betritt man eine Zauberwelt aus rund 2.000 Exponaten aus schönstem Kristall, die die Familie privat gesammelt hat. Kristalle entstanden in der Endphase der Gebirgsbildung, als das Gestein an gewissen Stellen aufriss. Immer wenn heiße Lösungen, beispielsweise Magma aus dem flüssigen Teil des Erdmantels, in diesen Klüften langsam abkühlten, kristallisierten die darin gelösten Stoffe – und es entstanden Kristalle, die somit Hinweise auf Temperaturschwankungen der Erdzeitalter liefern. In Makovniks Kristallwelt sind größtenteils Kalzitkristalle ausgestellt, und sie können hier auch erworben werden.

Doch nicht nur Kristalle sind zu sehen, sondern auch zahlreiche Millionen Jahre alte Fossilien aus dem Leithagebirge und der Gegend rund um den Balaton. Zweisprachige Broschüren auf Deutsch und Ungarisch sind vorhanden. Auch Mammutknochen, die Hörner einer Antilope unbekannter Art und sogar ein zwei Millionen Jahre alter Halswirbel einer Seekuh. Péter Makovnik zeigt ihn gern. Vor dem Hinausgehen sollte man sich einen Glücksstein kaufen, je nach Sternzeichen – er bringt wirklich Glück!

Adresse Fő út 99, H-9421 Fertőrákos, www.kalcitkristalyok.hu | **Anfahrt** B 84 bis Sopron, am Kreisverkehr bei der Kirche Szent Mihály auf Pozsony út bis Fertőrákos, Fő út bis Orts-mitte; mit dem Rad von Mörbisch drei Kilometer über die Grenze, Ödenburger Straße bis Fertőrákos, dann links | **Öffnungszeiten** April–Okt. 10–17 Uhr, Voranmeldung unter Tel.+36/99355286; unbedingt läuten, Museum nicht immer besetzt | **Tipp** Um bei Wasser-tieren zu bleiben: Den besten Hekk (gebackenen Seehecht), eine typisch ungarische Spezialität, gibt's gegenüber in der Kovács Kocsma (Fő ut 98).

23__Das Mithräum

Erde, Wasser, Feuer, Luft

Schon in der Römerzeit war diese Gegend begehrt, wovon zahlreiche Funde zeugen. Besonders interessant ist der Mithrastempel direkt an der ehemaligen österreichisch-ungarischen Grenze. Von außen mutet er wie ein unauffälliges Häuschen an, bei Führungen eröffnet sich im Inneren eine geheimnisvolle, steinerne Höhle.

Bis in die 80er Jahre hinein konnte man hier nicht einfach so spazieren gehen, denn die hermetisch bewachte Grenze setzte sich im See fort. Die Aussichtstürme im Wasser, die heute der Vogelbeobachtung dienen, waren ein Teil des Eisernen Vorhangs, der Seeboden war vermint, um ein Hinüberschwimmen zu verhindern. Doch genau hier wurde der Eiserne Vorhang auch löchrig – und heutzutage kann man gemütlich von Mörbisch nach Fertőrákos radeln.

Der Mithraskult verbreitete sich im 3. Jahrhundert vom Iran über Legionäre, Geschäftsleute und Sklaven auch im Westen. Es war ein geheimer Glaube, in dessen Zentrum die Gestalt des Mithras, des Gottes des Lichtes und der Sonne, stand. Der Kult wurde in geschlossenen Gemeinschaften ausgeübt. Bei Eintritt wurde jedes Mitglied zum Stillschweigen verpflichtet, sodass das heutige Wissen über den Mithraismus auf die Bildwerke der Heiligtümer gegründet ist. Jedes Mitglied – Frauen waren ausgeschlossen – durchlief sieben Weihestufen.

Auf der Stirnseite dieser Höhle sieht man, in groben Stein gehauen, Mithras, der den Stier, das Symbol der Dunkelheit, tötet. Oben sind die Büsten des Sonnengottes Sol und der Mondgöttin Luna zu sehen. Ursprünglich war das ganze Relief bunt, doch die Farbe wurde leider abgewetzt. Beim Eingang stehen noch drei Votivaltäre und zwei Löwenstatuen, die zur ehemaligen Einrichtung der Höhle gehörten. Das Mithräum wurde 1866 vom Steinmetz György Malleschitz gefunden und von Ferenc Storno ausgegraben. Nach ihm sind mehrere Gassen in der pannonischen Gegend benannt.

Adresse Waldweg zwischen A-7072 Mörbisch am See und H-9421 Fertőrákos, www.fertorakosikirandulas.hu | **Anfahrt** mit dem Rad von Mörbisch: 150 Meter nach Ende der Ödenburger Straße; von Fertőrákos: ein Kilometer auf der Meggyesi utca Richtung Wald; Autos verboten | **Öffnungszeiten** Führungen nach Vereinbarung unter Tel. +36/203559999 | **Tipp** Wandert man bei der Grotte in den Wald, gelangt man zur Gedenkstätte des Paneuropäischen Picknicks im nahen Fertőrákos. Riesige Steinmonumente erinnern daran, dass 1989 hier fast 700 DDR-Bürger eine Picknick-veranstaltung nutzten, um über Österreich in den Westen zu fliehen.

24___Der Meidl-Airport
Tollkühne Männer, fliegende Kisten

Können Sie fliegen? Oder haben Sie sich schon immer mal ge-
wünscht, Ihren Kaffee bei Wind Nordost, Startbahn 03 zu trinken?
Am Meidl-Airport, der zum ungarischen Örtchen Fertőszentmiklós
gehört, ist jeder willkommen. Das Restaurant lockt mit ausgezeich-
neter ungarischer Küche – besonders erwähnenswert ist die Vielfalt
an süßen Palatschinken –, und für Kinder gibt es einen Spielplatz
direkt neben der umzäunten Start- und Landebahn. Und wenn die
einen Kilometer lange Landebahn in der Sonne blitzt und die Sehn-
sucht nach der Freiheit über den Wolken zu groß wird – dann kann
man hier sogar fliegen lernen.

Es sind nicht die ganz Großen, die hier landen, dafür – wenn das
Wetter schön ist – kleinere Maschinen im Minutentakt. Der Flugplatz ist aber auch für den In- und Auslandsverkehr geeignet. Der
Tower wirkt wie der kleine Bruder des Towers eines größeren Flug-
hafens. Der Meidl-Airport verfügt über sechs Hangars mit mehr als
10.000 Quadratmeter Fläche. Wenn einer der Fachleute Zeit hat,
darf man einen Blick in einen Hangar werfen.

Der Flugplatz wurde 1997 vom Mattersburger Spediteur und
Hobbypiloten Franz Meidl gegründet. Besonders beliebt ist er bei
Piloten von Gyrokoptern, das sind hubschrauberähnliche Tragflügler,
bei denen die Rotoren nicht durch einen Motor, sondern aufgrund
ihrer Neigung passiv durch den Fahrtwind angetrieben werden. Diese
benötigen nur eine geringe Startrollstrecke.

Der Flughafen ist jeden Tag von 8 Uhr morgens bis Sonnenuntergang geöffnet. Sollten Sie sich ihm fliegend nähern, gilt: PPR (Prior
Permission Required). Bei allen anderen Arten der Annäherung: Nur
keine Scheu, schauen Sie einfach auf einen Kaffee und Palatschinken vorbei! Ganz Mutige können diese sogar beim »Dine and Fly«
in der Luft genießen. Wer noch zögert, kann auf der Homepage via
Webcam direkt einen Blick auf den Meidl-Airport werfen oder einen
Rundflug als Geschenkgutschein verschenken.

Adresse Repülőtér utca 1, H-9444 Fertőszentmiklós, Tel. +36/99544020,
www.meidlairport.com | **Anfahrt** B 85 bis Fertőszentmiklós, von Fertőd kommend ein
Kilometer nach Ortsende links abbiegen und ein Kilometer auf schmaler Asphaltstraße bis
zum Eingang | **Öffnungszeiten** täglich 8 Uhr – Sonnenuntergang, Restaurant 9 – 19 Uhr
(warme Küche 11 – 18 Uhr) | **Tipp** Man kann die Gegend auch vom zwölf Meter hohen
Aussichtsturm Fertőszentmiklós kilátó in der Temető utca gleich gegenüber dem Friedhof
aus überblicken – ganz ohne zu fliegen.

25_Das Eisenbahnlampen-museum

Die ganze Welt in einem Zimmer

In diesem ungarischen Streckhof gibt es Schätze, die man sonst nirgendwo findet: Eisenbahnlampen. 300 Stück sind es mittlerweile. Die meisten von ihnen leisteten in Ungarn oder in den Nachbarländern ihren Dienst, aber es gibt auch Exemplare aus Schweden, der Mongolei, Indien, den USA und Neuseeland.

Kommt man mit Voranmeldung, wird man vom gut gelaunten Besitzer József Haragovics gleich in passender Uniform begrüßt. Mit seinen bildreichen Erzählungen geht die Zeitreise durch zwei Jahrhunderte dann auch schon los. Neben der goldenen Salonlampe aus Sisis Eisenbahnwaggon, einer Karbidlampe, die ab circa 1900 verwendet wurde, sieht man hier eine japanische Petroleum-Handlaterne aus dem 18. Jahrhundert, die Lampe der ersten transkontinentalen nordamerikanischen Dampflok Jupiter oder eine bronzene Zugschlusslaterne von den Südafrika Railways, die Haragovics am Budapester Markt gefunden hat. Auch kuriose Zugeinrichtungsgegenstände hat József Haragovics gesammelt, schließlich gab es in den 20er und 30er Jahren des vorigen Jahrhunderts in Zügen noch Öfen. Neben Streichholzschachteln aus Kuba oder Schweden muten die aus der NS-Zeit bedrückend an, ebenso die Eisenbahnlampe, bei der man, wenn man sie umdreht, das eingravierte SS-Zeichen sieht.

Doch das Eisenbahnlampenmuseum hat noch mehr zu bieten: eine echte Sitzbank aus der »Holzklasse«, der damaligen dritten Klasse aus den 20er und 30er Jahren, Handsignalzeichen, eine Schaffnertasche von 1880 und typische Schaffner-Taschenlampen aus zusammenklappbaren Kerzen. Wer sich fragt, wie der stolze Besitzer an seine Kostbarkeiten gekommen ist: durch Tauschgeschäfte, Glück oder pures Fragen, denn er arbeitete selbst bei der Raaber Bahn als Heizhauschef und Fahrdienstleiter. Viele Schätze, die sonst auf dem Schrottplatz gelandet wären, bekam er geschenkt und hat sie vor dem Vergessen gerettet.

Adresse Vasutlámpamúzeum Haragovics József, Soproni út 13, H- 9436 Fertőszéplak, Tel. +36/99340556, Tel. +36/203224734 oder Tel. +36/30565329, haragovi@freestart.hu | **ÖPNV** REX bis Sopron, Bus 7208 (stündlich) ab Sopron, autobusz állomás bis Fertőszéplak | **Anfahrt** B 84 ab Grenzübergang Klingenbach, in Sopron am 3. Kreisverkehr 3. Ausfahrt in Balfi út, 18 Kilometer bis Fertőszéplak | **Öffnungszeiten** nach telefonischer Voranmeldung | **Tipp** Was den Italienern die »Bar«, ist den Ungarn ihr »Presszó«: Hier gibt es guten Espresso und kleine warme Speisen zu günstigen Preisen – ideal für Durchreisende, die nicht allzu viel Zeit haben. Das Zsuga büfé befindet sich im Nachbarort Hegykő (Mező utca 68).

26 — Der Garten der Erinnerung

Mahnmal gegen das Vergessen

Vor dem Naziregime gab es in Frauenkirchen eine lebendige jüdische Gemeinde. Heute ist außer dem Friedhof fast nichts mehr davon zu sehen. Die Häuser der Juden wurden von den Nazis übernommen, die Synagoge, die sich im Tempelviertel befand, wurde im Jänner 1939 abgetragen. Doch seit 2016 befindet sich auf dem ehemaligen Platz der Synagoge, einem unauffälligen Hinterhof neben einem Parkplatz, die historische Gedenkstätte »Garten der Erinnerung«.

Der vom Verein »Initiative Erinnern Frauenkirchen« ins Leben gerufene und gestaltete Gedenkpark ist an drei Seiten von Mauern umgeben und wirkt wie ein Hof, dessen Grundelemente in abstrahierter Form einen Tempel darstellen. Die nach außen gerichtete Wand macht den Tempel durch den halbrunden Einschnitt rund um die Uhr sichtbar. Von innen sieht man durch diesen Ausschnitt das Abbild des ehemaligen Tempels am gegenüberliegenden Haus. Im Zentrum der Anlage befindet sich ein Denkmal aus Bronze auf einem Steinsockel, das eine abstrahierte Thorarolle darstellt – zum Gedenken an die jüdische Gemeinde.

Bei den Erdarbeiten stieß man auf Gebäuderelikte, Archäologen stellten direkt bei der Fundstelle Reste der ehemaligen barocken Synagoge von Frauenkirchen sicher. Diese Ausgrabungsreste mit den zerbrochenen Säulen wurden durch einen Glaskubus geschützt. In diesem sind auch ein Modell des ehemaligen jüdischen Viertels von Frauenkirchen und Fundgegenstände zu sehen. Daneben Tafeln mit den Namen der vertriebenen jüdischen Familien, die metaphorisch auf einen Thoraschrein Bezug nehmen.

Ein digitales Informationssystem bietet Besuchern die Möglichkeit, sich in vier Sprachen über die Geschichte der Juden in Frauenkirchen zu informieren und Familiengeschichten nachzulesen. Mit einer Sitzgelegenheit will der »Garten der Erinnerung«, der 2016 fertiggestellt wurde, informieren und zum Verweilen wie auch Denken anregen.

Adresse Tempelviertel, A-7132 Frauenkirchen | **Anfahrt** B 51 nach Frauenkirchen, am Kreisverkehr in der Ortsmitte auf Franziskanerstraße, gegenüber von »Haushaltswaren Waldherr« in die Gasse »Tempelviertel« einbiegen, geradeaus bis zum großen Parkplatz, Garten der Erinnerung rechter Hand | **Öffnungszeiten** rund um die Uhr | **Tipp** Auf dem Gelände des heutigen »Serbenfriedhofs« vor Frauenkirchen befand sich ein Kriegsgefangenenlager aus dem Ersten Weltkrieg. Die Gefangenen, Serben, Russen und Italiener, starben an einer Typhus-Epidemie. Namenlose Kreuze sowie Tafeln erklären die Geschichte des Ortes.

27 __ Maria lactans
Gnadenreiche Muttermilch in Maria auf der Heide

Man erwartet viel beim Betreten der prächtigen Wallfahrtskirche aus dem 17. Jahrhundert, jedoch keine stillende Frau. Man sieht sie auch erst, wenn man sich das Gemälde am ersten Seitenaltar links ganz genau ansieht. »Maria lactans« war ein einfaches, auf einer Holztafel aufgemaltes Bild, das erstmals 1324 erwähnt wurde. Zu dieser Zeit befand es sich in einer Kapelle. Nachdem diese bei der Ersten Türkenbelagerung komplett niedergebrannt war, fanden die Frauenkirchener im Bauschutt das unversehrte Gnadenbild. Von nun an pilgerten Wallfahrer zur Stätte. Als Paul Esterházy de Galantha auf der Burg Forchtenstein davon hörte, beschloss er, eine größere Kirche zu bauen, die 1680 fertiggestellt wurde. Das Bild wurde auf dem Hochaltar angebracht. 1683 wurde die Kirche bei der Zweiten Belagerung abermals bis auf die Grundmauern zerstört. Das Gnadenbild überstand auch dies. Danach begann Paul Esterházy mit dem Bau einer noch größeren Kirche, deren Bau 1702 beendet war: Maria auf der Heide.

Das Motiv der stillenden Madonna stammt vermutlich aus dem koptischen Christentum. Auch bei Darstellungen des Jüngsten Gerichts zeigt Maria ihre Brust, um ihren Sohn an seine auch menschliche Herkunft zu erinnern und milde zu stimmen. Auch bei einigen Wallfahrtsbrunnen wird Wasser durch die Brust einer Marienfigur geleitet. Aus theologischer Sicht nährte Maria ihren Sohn mit gänzlich menschlicher Milch, der später göttliche Eigenschaften zugeschrieben wurden. Da es in der Geschichte der Menschheit schon immer Schwierigkeiten beim Stillen gegeben hatte, wurden diese Marienbilder auch bei derartigen Problemen angebetet. Auf dem Bild in Frauenkirchen landen einige Tropfen auch im Auge des Jesuskindes. Dem Schöpfer sei Dank für diese realistische Darstellung, die theologisch keine genauere Definition erfährt, aber Mütter erheitert.

Wie die Franziskanerpater ihre Kirche vor späteren Soldaten schützten, zeigt die Ausstellung im danebenliegenden Kloster.

Adresse Basilika Mariä Geburt, Kirchenplatz 27, A-7132 Frauenkirchen | **ÖPNV** REX Richtung Wulkaprodersdorf, Bahnhof Neusiedl am See, Postbus 292 in Richtung Andau Kirche, Haltestelle Frauenkirchen Kirchenplatz | **Anfahrt** B 51 nach Frauenkirchen und in Ortsmitte fahren | **Öffnungszeiten** täglich außer Mo 9–17 Uhr | **Tipp** Ein berühmtes Gnadenbild ist die 1644 geweihte Schwarze Madonna in der sehenswerten Wallfahrtskirche Maria Loretto auf der anderen Seite des Leithagebirges. Das Vorbild, nach dem sie gestaltet wurde, ist die Schwarze Madonna von Loreto in Italien.

28__Der Steppenduft

Eine Safari durch das Reich der Sinne

Es war eine einzigartige Idee: Bauer Stefan Zwickl wollte weder Kartoffeln für McDonald's anbauen wie seine Familie noch den lang gestreckten Schweinestall in Frauenkirchen weiterführen. Er hatte etwas anderes vor. Und so baute er 2018 den Stall in ein Refugium für paradiesische Düfte um. Und die dafür benötigten Pflanzen setzte er gleich rundherum ein.

Biegt man in den Feldweg hinter dem Hof, wähnt man sich in der Provence. Zur Erntezeit duftet es bis ins Auto hinein nach Lavendel. Doch hier wächst noch mehr: Balsamisches wie der Klosterduft mit Marzipansalbei, Blumiges wie Rosengeranien, Fruchtiges wie Orangenbasilikum und Zitronenthymian oder Exotisches wie Colakraut. Zwickl kultiviert die Pflanzen liebevoll, bis sie perfekt sind. Dann werden sie geerntet, im ehemaligen Schweinestall mit Wasserdampf destilliert und auf dem geräumigen Dachboden getrocknet.

So einige Menschen aus der heilenden Zunft haben eine Affinität zu seinen Produkten. Sogar Apotheken in Wien in der Mariahilferstraße verwenden seine naturreinen ätherischen Öle, die St. Martins Therme nutzt die Produkte des Duftbauern für Saunaaufgüsse und Massageöle. Ein Arzt, dem nur eine Salbe aus israelischer Pfefferminze half, animierte Zwickl, diese zu importieren – tatsächlich ist ihr Wirkstoff vielfach stärker als die Wirkstoffe der heimischen Minzesorten. Und die Duftsafaris, die Zwickl mehrmals im Sommer durchführt und bei denen Besucher riechen, testen, tasten und kosten dürfen, werden gern von Ärzten besucht – diese trauen sich auch meistens, die halluzinogene Mexikanische Tagetes zu kosten. Keine Sorge, es handelt sich hierbei nicht um eine Droge, sondern um eine uralte Heilpflanze. Hier mischt sich echte Handwerkskunst mit Alchemie. Und warum das Holztor des ehemaligen Schweinekobels unten gezackt ist, soll der Besitzer selbst erzählen – am besten bei einer Duftsafari! Und damit nicht nur die Nase etwas davon hat: Für bleibende optische Erinnerungen können Sie sogar ein Fotoshooting im Lavendel buchen.

Adresse Maria-Weitner-Platz 28, A-7132 Frauenkirchen | **ÖPNV** REX Richtung Wulkaprodersdorf, Bahnhof Neusiedl am See, Postbus 292 in Richtung Andau Kirche, Haltestelle Frauenkirchen Kirchenplatz | **Anfahrt** B 51 nach Frauenkirchen, nach der Kirche rechts über Franziskanerstraße und Urbarialgasse auf Maria-Weitner-Platz | **Öffnungs-zeiten** nach Vereinbarung über office@steppenduft.at oder Tel. 0680/2383319 | **Tipp** Würziges vom Mangalitzaschwein bekommt man im Hofladen vom Biohof Göltl (Göjo) in der Kanalgasse 5.

29__Die Brauerei

Hopfen und Malz und noch viel mehr

Auch wenn es scheint, als sei die Region um den Neusiedler See lukullisch auf Wein abonniert, kommen hier auch Biertrinker auf ihre Kosten.

Bei Golser Bier wird in einer der modernsten Brauereianlagen Österreichs pannonisches Bier gebraut, das es auch in Supermärkten zu kaufen gibt. Ein persönlicher Besuch lohnt sich trotzdem. Denn wer weiß denn schon genau, wie der Gerstensaft eigentlich herge-stellt wird? Im Unterschied zur industriellen Erzeugung stammen bei diesem Familienbetrieb alle Zutaten aus dem Inland. Das Bio-Malz, worunter man gekeimtes, getrocknetes und geröstetes Getreide ver-steht, kommt beispielsweise aus dem burgenländischen Bio-Landgut Esterházy, der Hopfen aus dem Mühlviertel.

Ganz spontan Entschlossene erleben zwar unter Umständen nicht die komplette Führung, Besucher sind aber trotzdem immer will-kommen. Unter dem Kupferdach der Halle stehen die Metallkessel, in denen das Golser Bier gebraut wird. Interaktive Darstellungen veranschaulichen die Prozesse. Bis zu 12.000 Liter Bier entstehen hier pro Tag. Das großzügige Personal versorgt einen mit Kostpro-ben. Neben klassischem Bier sind auch neue, innovative Produkte mit Zutaten aus der Region im Angebot. So gibt es ein Maroni-Bier mit Kästen (einer Kastaniensorte) aus dem Mittelburgenland, ein würziges Pale Ale mit Wildkräutern aus dem Südburgenland oder experimentelle Craft-Bier-Sorten. Seit Kurzem kann man sogar im Onlineshop bestellen.

Köstlich sind auch der glasklare Gin aus regionalem Getreide oder der fruchtige Marillenlikör, in dem man die Früchte einzeln heraus-zuschmecken glaubt. Weiters gibt es ein feines Biershampoo. Und da sich die Produktpalette laufend erweitert, auch Bio-Biersenf vom BioTiger aus Neusiedl oder BBQ-Speck-Bier-Soße von Capsup aus Purbach. Bald wird man auch burgenländisches Dörrfleisch (Beef Jurkey) in Biermarinade hier bekommen.

Adresse Privatbrauerei Gols GmbH, Brauhausplatz 1, A-7122 Gols, Tel. 02173/2719, www.golserbier.at | **Anfahrt** B 51 bis Gols, am Kreisverkehr am Hauptplatz in Neustiftgasse abbiegen, nach 700 Metern bei der v-förmigen Weggabelung links auf »Am Berg«, 400 Meter bis Brauerei (Wegweisern ab Kreisverkehr folgen) | **Öffnungszeiten** Mo – Fr 8 – 12 und 13 – 16 Uhr, Sa 9 – 12 Uhr (April – Sept.), So und Feiertage geschlossen; Führungen nach Vereinbarung | **Tipp** Verkosten kann man das Golser beim Heurigen Grammel Boscha, wo es einen Spielplatz und sogar ein begehbares Fass gibt. Der Name kommt von »boschen«, was ein mundartlicher Begriff für »schmatzen« ist.

30 Das Erwin-Moser-Museum

Der Dachs schreibt hier bei Kerzenlicht

Die Mäusefreunde Didi und Manuel. Der Dachs, der im Kerzenlicht ein Liebesgedicht schreibt. Oder all die phantastischen Gestalten, die wundersame Fahrzeuge erfinden – sie alle sind hier, im Erwin-Moser-Museum in Gols, dem Heimatort des berühmten Kinderbuchautors, versammelt: in Text und Bild, zwischen Buchdeckeln aus Pappe oder hinter Glas.

Die meisten Menschen erkennen hier eine Figur aus ihrer Kindheit wieder. Der 1954 geborene Autor, der ursprünglich Schriftsetzer war und durch Aufträge für Buchillustrationen und Covergestaltung zur Kinderliteratur gekommen ist, verfügte über eine seltene Doppelbegabung: Er konnte schreiben und illustrieren. Vielleicht ist es das, was seine Bücher so einzigartig macht, dass sie mit zahlreichen Kinderbuchpreisen und sogar dem Goldenen Ehrenzeichen für die Verdienste um die Republik Österreich ausgezeichnet wurden. Die Landschaften erinnern oft an den Neusiedler See. Einfallsreich sind die Fahrzeuge in seinen Büchern: Da läuft eine umgebaute Badewanne Schlittschuh, wird ein Kürbis zum Flugzeug oder bastelt sich der alte Emanuel Orthopädius eine Gehmaschine – die man sogar besichtigen kann. Denn im Museum gibt es ein Exemplar, welches ein Fan nachgebaut hat.

Im obersten Stockwerk sind Landschaften und Stillleben sowie grafische Arbeiten vom ganz jungen Erwin Moser ausgestellt, die er im Alter von 16, 17 und 18 Jahren gezeichnet hat.

Im Jahr 2002 erkrankte der Autor an der bislang unheilbaren Krankheit ALS. Das Erwin-Moser-Museum wurde 2014 zu seinem 60. Geburtstag im ältesten Haus von Gols, dem Weinkulturhaus, eröffnet. Dort kann man seine Bücher, Kunstdrucke, Poster und vieles mehr kaufen. Erwin Moser verstarb im Oktober 2017 im Alter von nur 63 Jahren. In seinen Büchern wird er unsterblich bleiben.

Adresse Hauptplatz 20, A-7122 Gols | **ÖPNV** Postbus 292 Richtung Andau, Haltestelle
Gols Kirche | **Anfahrt** B 51 nach Gols, im Kreisverkehr auf den Hauptplatz einbiegen und
der Beschilderung folgen | **Öffnungszeiten** täglich 10–18 Uhr, Jan. und Feb. Mo und Di
Ruhetag, März–Dez. Di Ruhetag | **Tipp** Biegt man am Ende des Hauptplatzes in Richtung
See rechts ab, gelangt man auf die Landstraße Richtung Podersdorf. Hier kann man sehen,
dass vor jeder Reihe Weinstöcke ein prächtiger Rosenstock gepflanzt ist. Rosen sind ein
Indikator für den Befall der Weinstöcke durch Schädlinge.

31 Die Fossilien

Muscheln suchen am Neusiedler See

Der Neusiedler See wird zu Recht das »Meer der Wiener« genannt, hier kann man sogar Muscheln suchen! Am Leithagebirge gibt es viele aufgelassene Steinbrüche, und wo einst das Urmeer wogte, findet man in den senkrechten Kalksteinwänden mit etwas Glück Abdrücke von Muscheln, die Millionen Jahre alt sind.

Fossilien von Muscheln entstehen, wenn diese beispielsweise in Schlamm eingeschlossen werden, absterben und der weiche Teil des Tieres zerfällt. Dort bildet sich dann ein Hohlraum, der von Mineralien gefüllt wird. Wenn sich schlussendlich die Schale auflöst, nimmt der Stein, der das Gehäuse ausgefüllt hat, die Form der ehemaligen Muschelschale an.

Im Grosshöfleiner Steinbruch Fenk hat man gute Chancen, solche Abdrücke zu sehen und mit seinen Fingern Gestein zu berühren, in dem bis zu 25 Millionen Jahre altes Leben steckte. Folgt man im Ort dem Steinbruchweg, erreicht man eine vier Meter hohe Fossilienwand hinter einem Wasserspeicher. Am rechten Rand, möglicherweise von Buschwindröschen verdeckt, erkennt man solche Abdrücke bereits. Richtig beeindruckende findet man dann im großen Steinbruch, der aus zwei 20 Meter hohen Gesteinsbögen besteht. Um zu diesem zu gelangen, folgt man dem Weg weiter bis zu einer Ruine, vor der man rechts abbiegt. Zum oberen Kalksteinbogen nimmt man den Pfad, der nach 50 Metern links abbiegt. Dann öffnet sich plötzlich der Weg, und wie ein Wunder erscheint die spektakuläre weiße Kalksteinwand. Die zahlreichen Schneckenhäuser am Boden sollte man nicht mit Fossilien verwechseln!

Sehr schöne Muschelabdrücke gibt es am Beginn der Wand auf der rechten Seite in drei bis vier Meter Höhe sowie 50 Meter vom Beginn entfernt. Rechts vom zackigen Ende spannt sich bogenförmig eine zweite, noch höhere, die mit der ersten von der Luft aus betrachtet einen herzförmigen Doppelbogen bildet. Diese erreicht man, wenn man den Weg nach der Ruine geradeaus geht.

Adresse Steinbruch Fenk, Steinbruchstraße, A-7051 Grosshöflein | **Anfahrt** A 3, Abfahrt Müllendorf, B 59 bis Grosshöflein, auf Steinbruchweg, 700 Meter geradeaus zum Wasserspeicher, Fossilienwand 20 Meter dahinter, zur Ruine 400 Meter weiter, dann rechts und zur oberen Wand dem Pfad folgen, der nach 50 Metern von diesem breiteren Weg links abgeht, zur unteren Wand den Weg 200 Meter geradeaus nehmen | **Öffnungszeiten** rund um die Uhr | **Tipp** Ein Bergbaumuseum mit einer alten Fabriksglocke findet man im ungarischen Brennbergbánya, einem ungewöhnlich alpenländisch anmutenden ehemaligen Bergbauvorort. Hier gibt es eine Kirche, die zugleich eine Kneipe ist.

32__Das Haus der Kultur

Infelds zeitgenössische Saiten

Nähert man sich dem früheren Jagdhaus im Schlosspark in Halbturn, wird die kontemplative Atmosphäre jäh durch etwas Witzi-
ges durchbrochen: Vor dem Haus steht mitten in einem lieblichen
Blumenbeet der »Schwarzlochsauger« vom Wiener Künstler Wal-
ter Schmögner. Das Objekt, ein handbemalter Aluminiumguss, hat
einen gerundeten, ohrenförmigen Körper, bei dem eine Öffnung
wie eine Trompete hervorsteht. Man kann an die Skulptur klopfen,
auch Hineinschreien ist möglich. Derart schmunzelnd und staunend
betritt man das Museum gern.

Eine feine Beziehung zu Ohren hat die Saitendynastie Infeld, die
seit 1919 in Wien Saiten für Musikinstrumente herstellt. Auch die
Kunst ist der Familie wichtig: Peter Infeld (1942–2009) und seine
Mutter Margaretha begannen Mitte der 60er Jahre, Kunst zu sammeln. Um die Werke einer breiteren Öffentlichkeit zugänglich zu
machen, ließ Peter Infeld in Halbturn im Burgenland und im idyllischen Dorf Dobrinj auf der kroatischen Insel Krk repräsentative
Kulturzentren errichten.

Nach seinem Tod führt seine Witwe Zdenka Infeld die Sammel-
tätigkeit der Familie weiter. In dem eleganten Landhaus mit alten
Möbeln und Deckenbalken kann jedermann kostenlos die regelmäßig wechselnden Ausstellungen mit Werken aus der imposanten
Kunstsammlung Infeld besuchen. Zu deren Schwerpunkten zählen
die Wiener Schule des Phantastischen Realismus, naive Kunst aus
Kroatien, Pop Art, buddhistische Meditationsbilder aus Tibet, sogenannte »Thangkas«, und Art brut.

Insgesamt fanden in Halbturn seit der Eröffnung im Jahr 2000
mehr als 100 Ausstellungen statt. Ein Konzert, bei dem beliebte öster-
reichische und internationale Musiker die Saiten von »Thomastik-
Infeld« erklingen lassen, begleitet jede Vernissage. Wer sich im
Sommer nach schattigen Spazierwegen sehnt, findet sie im nahen
Schlosspark Halbturn.

Adresse Parkstraße 13, A-7131 Halbturn, Tel. 02172/20123, www.infeld.net | **Anfahrt** A 4, Abfahrt Mönchhof, Mönchhofer Landesstraße bzw. B 51 bis Mönchhof, dann Halbturner Landesstraße bis Halbturn, in der Ortsmitte links auf Parkstraße | **Öffnungszeiten** Do–So 13–18 Uhr | **Tipp** Wer sich aus allernächster Nähe nicht nur Kunstwerke, sondern auch Windräder ansehen möchte, fährt fünf Kilometer weiter. Nach dem Wittmannshof befindet sich links ein riesiges Windräderfeld, das eindrucksvolle Schatten auf die Straße wirft.

33 Das Eiserne-Vorhang-Denkmal

Zeitgeschichte im Vogelparadies

Geheimnisumwittert und sehr versteckt liegt sie mitten im idyllischen Nationalpark: die Gedenkstätte für den Eisernen Vorhang. Es ist bedrückend, wenn nach einer kilometerlangen Fahrradtour durch liebliches Vogelschutzgebiet plötzlich Stacheldrahtzäune und ein Wachturm auftauchen.

Die Schilder – auf Deutsch und Ungarisch – erklären gut verständlich, was zum Glück Geschichte ist. Es solle sich nie mehr wiederholen, dass Länder und Menschen durch Minenfelder oder Stacheldraht getrennt werden, steht sinngemäß auf dem Erklärungsschild.

Mit der Errichtung der Gedenkstätte setzte die Gemeinde Hegykő denjenigen ein Denkmal, denen es in diesen 41 Jahren gelungen ist, über die Grenze zu fliehen. Man gedenke derer, die beim Versuch gefasst oder auf der Flucht erschossen wurden oder zu einer Gefängnisstrafe von drei Jahren oder zur Konfiszierung ihres ganzen Vermögens verurteilt worden sind – und auch der Grenzpolizisten, die bei der Ausübung ihres Dienstes beim Einsammeln der Minen für immer verkrüppelt wurden oder starben.

Der Eiserne Vorhang zog sich zwischen 1948 und 1981 auf einer Länge von 356 Kilometern an der österreichisch-ungarischen Grenze entlang. Er sollte den damaligen Ostblock von der Ostsee bis zum Schwarzen Meer eingrenzen. In der ersten Zeit wurde die ungarische Grenze mit Stacheldraht und Minenfeldern gesichert. Auch am Grund des Neusiedler Sees lagen Minen. Die Wachtürme im See zeugen noch von der hermetischen Bewachung. Mitte der 1960er Jahre begann man infolge der Entspannung der politischen Lage mit der Entfernung der Minenfelder und dem Bau eines elektronischen Warnsystems, das ab 1971 eingesetzt wurde. An der Gedenkstätte werden die verschiedenen Phasen unter Verwendung von Originalmaterialien authentisch präsentiert.

Adresse Vasfüggöny emlékhej, im Schilfgürtel bei H-9437 Hegykő | **ÖPNV** REX bis Sopron, Bus 7208 (stündlich) ab Sopron, autobusz állomás bis Hegykő | **Anfahrt** B 84 ab Grenzübergang Klingenbach, in Sopron am 3. Kreisverkehr 3. Ausfahrt nehmen und in Balfi út (wird zu Kossuth Lajos utca) abbiegen, 15 Kilometer bis Hegykő, vor der Kirche St. Mihály links in Fertő utca einbiegen, der Straße zwei Kilometer folgen, bei y-förmiger Abzweigung links entlang der grünen Markierung, dann 200 Meter Feldweg; Achtung: Schilfgürtel Naturschutzgebiet, Autos verboten | **Öffnungszeiten** rund um die Uhr | **Tipp** Die zum Denkmal führende Schotterstraße ist gleichzeitig eine Vogelbeobachtungsroute mit interessanten Schautafeln.

34 Das Sá-Ra Termál
Bad mit heilender Wirkung

Umrundet man den Neusiedler See in der Nebensaison, könnte man durchaus schon im Frühling Lust bekommen abzutauchen. Aufgrund seiner geringen Tiefe heizt sich der See – entsprechende Temperaturen vorausgesetzt – zwar schnell auf und kann im Sommer sehr warm werden, in der Nebensaison ist er jedoch zu kalt zum Schwimmen. Wer auf das Baden trotzdem nicht verzichten und sich dabei etwas Gutes tun möchte, fährt am besten ins ungarische Hegykő. Dort fühlt man sich fast wie in einem Meereskurort.

Das Thermalbad Sá-Ra Termál ist nicht so glamourös wie die St. Martins Therme im Seewinkel, das Wasser hat jedoch ebenso eine heilende Wirkung. Das Bad erinnert an die Heilbäder, die in früheren Zeiten beliebt waren. Wen das charakteristische grüne Wasser und der Schwefelgeruch nicht stören, der kann hier gern untertauchen. Das Wasser dringt aus einer Tiefe von 1.434 Metern nach oben und ist in den Becken bis zu 38 Grad warm – ideal also für ein erstes Bad im April, wenn nur die kahlen Bäume noch an den Winter erinnern. Tatsächlich kommt es sogar mit heißen 55 Grad aus der Erde. In den meisten Becken sind auch Kinder willkommen, man kann sich massieren lassen, sich eine Schlammpackung gönnen oder in die Sauna gehen. Das Wasser gilt seit 2004 als ärztlich zugelassenes Heilwasser und enthält eine hohe Dichte an Natriumchlorid, Alkali-Hydrogencarbonat, Fluor und dem charakteristisch riechenden Sulfat. Es gilt als heilsam bei Gelenkproblemen und Zerrungen – ideal also für angeschlagene Radfahrer, die die Runde um den See unterschätzt haben –, aber aufgrund der Dämpfe auch bei Atemwegserkrankungen. Die große Liegewiese mit den Kiosken und der angrenzende Campingplatz lassen vergessen, dass man sich in einem Heilbad befindet. Wer keine Gesundheitsbehandlung braucht, kann sich hier auch kosmetisch verwöhnen lassen.

Die Schwimmhalle sowie der Wellnessbereich sind ganzjährig geöffnet, die Außenbecken von April bis Oktober.

Adresse Fürdő utca 5, H-9437 Hegykő, Tel. +36/99540220, www.hegyko.hu/de/termalfurdo |
ÖPNV REX bis Sopron, Bus 7208 (stündlich) ab Sopron, autobusz állomás bis Hegykő |
Anfahrt B 84 ab Grenzübergang Klingenbach, in Sopron am 3. Kreisverkehr 3. Aus-
fahrt nehmen und in Balfi út (wird zu Kossuth Lajos utca) abbiegen, 15 Kilometer bis
Hegykő, vor dem markanten Tornácos Ház rechts einbiegen und circa 100 Meter gerade-
aus | **Öffnungszeiten** April–Okt., siehe Homepage | **Tipp** (Nicht nur) Mutige, die schon
im April baden, können sich bei »1 csepp pálinka« (übersetzt: »1 Tropfen Schnaps«) in der
Fertő utca 5 aufwärmen, den berühmten ungarischen »barackpálinka« kosten und sogar
eigenes Obst zu Schnaps brennen lassen!

35 Das Spitzenmuseum
Alte Spitze ganz modern

Das Freilichtmuseum (Skanzen) im nahen Fertőszéplak ist ziemlich bekannt. Nur Insider kennen jedoch das nicht minder hübsche Heimatmuseum in Fertőhomok, das es erst seit einigen Jahren gibt. Das csipkeház – übersetzt »Spitzenhaus« – gleich neben der Kirche ist ein Bauernhaus aus dem 18. Jahrhundert und zeigt, wie man in Ungarn in früheren Jahrhunderten gelebt hat. Der Name stammt von der Hővejer Spitze, aus der Wäsche, Kleidung und Möbel hergestellt wurden.

Diese Sticktechnik wurde vor 150 Jahren von Frauen im nahen Dorf Hővej entwickelt und von den Müttern an die Töchter weitergegeben. Es handelt sich bei der »Spinnerei« um eine weiße, manuelle Lochstickerei, deren spinnenförmiges Muster bei jedem Stück einzigartig ist. Zuerst wird die Blume in der Mitte hergestellt, dann wird diese rundherum, wie in einem Spinnennetz, befestigt. So entstehen Muster, die individuell sind und denen ein Stück der Seele der »Spinnerin« mitgegeben wird, wie man sagt.

Szigethy Istvánné aus dem nahen Ort Hővej hat hier ihre Ausstellung »Von der Wiege bis zum Grabtuch« geschaffen. Das ganze Haus ist wie in alten Zeiten eingerichtet, man kann das prachtvolle »erste Zimmer« (»első szoba«) bewundern, das schön eingerichtet war und – außer zu besonderen Anlässen wie Hochzeiten – fast nie bewohnt wurde.

Besonders beeindruckend ist das Hochzeitskleid aus Spitze, das hier ausgestellt ist. Mit dem Heiraten in Ungarn ging eine besondere Tradition einher: Frauen nahmen ab der Hochzeit auch den Vornamen des Mannes an: mit »-né«, für »Frau« am Ende. Dennoch waren die Frauen von Hővej vor 150 Jahren ganz schön emanzipiert. Die Spitze war nicht nur schön anzusehen, sondern auch auf dem Markt verkaufbar – so trugen die Frauen mit zum Lebensunterhalt bei. Heutzutage kann sich eine Frau aussuchen, wie sie nach der Hochzeit heißen möchte. Sie kann also ganz modern und trotzdem im Spitzenkleid heiraten!

Adresse Kossuth Lajos utca 37, H-9437 Hegykő, Tel. +36/306335787 | **ÖPNV** REX bis Sopron, Bus 7208 (stündlich) ab Sopron, autobusz allomás bis Hegykő | **Anfahrt** B 84 ab Grenzübergang Klingenbach, in Sopron am 3. Kreisverkehr 3. Ausfahrt nehmen und in Balfi út (wird zu Kossuth Lajos utca) abbiegen, 15 Kilometer bis Hegykő, Haus neben der Kirche | **Öffnungszeiten** Mai–Sept. Di–So 11–17 Uhr | **Tipp** Einen »Élelmiszerbolt«, also einen typischen »Greißler«, sollte man auf der Durchreise besucht haben. Von außen meist winzig klein, eröffnet sich drinnen eine ungeahnte Fülle an regionalen Lebensmitteln, vor allem Obst und Gemüse. Sehr empfehlenswert ist »Csaba csemege« am Beginn der Petőfi Sándor utca.

36 Das Tornácos Ház

Ungarn im Kleinformat

Kommt man bei Sonnenschein aus der Soproner Richtung in die Nähe dieser Oase, erinnern einen schon die hochstämmigen Wäldchen und der sandige Boden der Umgebung an Urlaub am Meer. Ein Meer gibt es hier zwar nicht – aber ein Heilbad, das Sá-Ra Termál (siehe Ort 34). Das Tornácos Ház daneben kann man getrost als »Ungarn im Kleinformat« bezeichnen. Benannt nach seinen Arkaden, findet sich hier seit 1996 ein Hotel mit einem gepflegten Restaurant und einem Wellnesszentrum.

»Es ist Sache des Gastwirts, den Gästen Freude zu bereiten, damit sie guter Laune und zufrieden sind.« Diesen Satz des 1956 verstorbenen berühmten ungarischen Kochs Karl Gundel, des Kreateurs der berühmten Gundel-Palatschinken, hat sich auch das Tornácos Ház zum Motto gemacht. Tatsächlich spannt sich der kulinarische Bogen von Show Cooking mit selbst gemachten Nudeln oder Gegrilltem über Buffets, die besonders für Familien praktisch sind, bis hin zu Hausgemachtem, das man mit nach Hause nehmen kann. Eine spezielle Empfehlung sind die Haselnussschnitten in der Theke im Shop in der Eingangshalle.

Abgesehen von kulinarischen Genüssen und 23 gemütlichen, klimatisierten Zimmern hat das Tornácos auch einen tollen Wellnessbereich zu bieten. Das 31 Grad warme Wasser des Erlebnisbades ist mit Sprudel zur Wassermassage ausgestattet. Neben Infrarot- und finnischer Sauna gehören auch ein Kaltwasserbecken sowie ein Dampfbad mit Aroma- und Farbtherapie zum Angebot. Weiters gibt es einen Trainingsraum mit Kardiogeräten und selbstverständlich einen Ruhegarten sowie einen Spielplatz. Packages zu den Themen Schönheit, Gesundheit, Adventzauber und Goldene Jahre (für Omas und Opas) runden das Angebot ab.

Die Gundel-Palatschinken bestehen übrigens aus einer Nuss-Rum-Rosinen-Füllung und werden mit einer Schokoladen-Rum-Soße übergossen. Am besten, man kostet sie im Tornácos!

Adresse Kossuth Lajos utca 74, H-9437 Hegykő, Tel. +36/99540200, www.tomacos.hu | **Anfahrt** B 84 ab Grenzübergang Klingenbach, in Sopron am 3. Kreisverkehr 3. Ausfahrt nehmen und in Balfi út (wird zu Kossuth Lajos utca) abbiegen, 15 Kilometer bis Hegykő | **Öffnungszeiten** täglich 11.30–18 Uhr | **Tipp** Würde man den zwei Kilometer breiten Schilfgürtel durchqueren, befände man sich am südlichsten Zipfel des Neusiedler Sees. Wer eine Tour in die Natur machen möchte, kann sich bei der zweisprachigen Neusiedler-See-Expertin Diana Tislér zu vielen interessanten Ausflügen sowie Kutschenfahrten anmelden (www.fertotajtura.hu).

37__Die Fresken
500 Jahre auf einer Wand

Bei einer Tour am ungarischen Seeufer entlang würde man erwarten, dass die Gegend flach ist. Hier in Hidegség, dessen Name von einer kühlen Quelle stammt, die sich hier befand, sieht man jedoch eindrucksvoll die Anhöhe, die die letzten Ausläufer des Ödenburger Gebirges und somit der Alpen darstellt. Hier war in Hochwasserperioden das Seeufer. Von der Jungsteinzeit bis zu den Römern schätzte man den Blick übers Land. Die Römer bauten hier einen Turm, dessen Form das Innenleben einer magischen Kapelle bis heute prägt.

Diese Kapelle gehört zur romanisch-gotischen St.-András-Kirche, die im 12. Jahrhundert gebaut wurde. Dies bezeugt ein Altarstein, auf dem ein geheimnisvolles Rad mit sieben Speichen eingraviert ist. Was diese sieben Zacken darstellen, darüber wird gerätselt. Von sieben Engeln bis zu den sieben Zwergen gab es schon alle möglichen Interpretationen. Vermutet wird jedoch, dass es ein altungarisches Stammeszeichen ist und dass der Stein zufällig zum Altarstein wurde.

Die Kapelle neben der Kirche war ursprünglich nur eine runde Apsis und wurde um 1440 verlängert. Die heutige Hauptkirche wurde Mitte des 20. Jahrhunderts gebaut. Das Interessanteste ist jedoch zweifellos die Kapelle, die heute als Taufkapelle genutzt wird. Auf dem 800 Jahre alten Gemäuer des Chores fand man nämlich beim Renovieren in der Halbkuppel Fresken aus dem 15. Jahrhundert.

Kirchenverwalter József Völgyi, der den Schlüssel zur geheimnisvollen Kapelle besitzt, erzählt bei Führungen launig über andere Fundgegenstände, die in der Kirche ausgestellt sind. So wurde beispielsweise unter Bodenplatten neben römischem Geschirr ein vermutlich aus dem Mittelalter stammender Hochzeitsring gefunden, dessen Herkunft eines der ungelösten Rätsel der Kapelle ist. In der Kirche selbst sind mittels Audioguide Führungen auf Deutsch und Englisch möglich.

Adresse Szent-András-Templom, Temető utca, H-9491 Hidegség; Kirchenverwalter József Völgyi: Tel. +36/99376016 | **Anfahrt** A 3 bis Klingenbach, B 84 durch Sopron, am 3. Kreisverkehr 3. Ausfahrt links auf Balfi út, dann circa elf Kilometer bis Hidegség, von Petőfi Sándor utca auf Fő utca und auf Temető utca, circa 150 Meter geradeaus | **Öffnungs-zeiten** nach telefonischer Vereinbarung | **Tipp** Wer neben dem Hunger auf Kultur auch den Hunger auf Süßes stillen will, sollte die Bozi Rozi Csárda in der Fő utca 24 im Nachbarort Fertőbóz aufsuchen. Hier gibt's nicht nur die klassischen Gundel-Palatschinken, sondern auch solche mit Kirschlikör.

38__Die Franz-Joseph-Warte
Weichselbaum mit Aussicht

Kirschbäume gibt es in der Gegend um das Leithagebirge viele – den Weichselbaum mit der schönsten Aussicht kennt aber vielleicht noch nicht jeder. Er befindet sich an einem Platz, in dessen Nähe früher eine große Eiche stand, sodass der Ort in Wanderführern auch unter »Kaisereiche« zu finden ist. Auf dem 443 Meter hohen Steinerwegberg steht eine massive Warte, die von der 1885 ins Leben gerufenen Sektion Leithagebirge des Österreichischen Touristen-Clubs am »schönsten Aussichtspunkt des Leithagebirges« errichtet wurde. Tatsächlich sieht man von dem Turm, der 1888 anlässlich des 40. Regierungsjubiläums von Kaiser Franz Joseph I. erbaut wurde, sowohl die Pannonische Tiefebene als auch das Wiener Becken mit Rax und Schneeberg. Hier lässt sich auch gut erkennen, wie breit der Höhenrücken des Leithagebirges eigentlich ist – dies merkt man auch an der romantischen Straße, die sich von Hof nach Donners-kirchen schlängelt.

Die Warte ist ein solider, achteckiger, acht Meter hoher Stein-turm, auf dem sich ein vier Meter hoher Holzpavillon erhebt. Im oberen Teil führt eine Holztreppe innen hinauf. Der Turm ist ganz-jährig geöffnet, das Plumpsklo daneben auch. Am günstigsten ist ein Besuch im Juni, wenn man sich von den Weichselbäumen neben der Warte gleich eine Jause pflücken kann.

Wandert man nicht sofort zum Parkplatz zurück, sondern wählt den Weg, der zunächst Richtung Hof am Leithaberge führt, kommt man nach einer scharfen Linkskurve auf einem flacheren, sonnigen Wegstück zurück zum Parkplatz. In der Kurve erinnert das »Grenz-denkwegmal« an den ehemaligen Schmugglerpfad – drei Hände, die einander zu erreichen versuchen. Dieser Weg, der heute Niederös-terreich und das Burgenland trennt, war nach dem Ersten Welt-krieg und dem Zerfall der Monarchie ein beliebter Umschlagplatz für Schmugglerware zwischen Österreich und Ungarn. Der Stein des Denkmals besteht übrigens aus hiesigem Muschelkalk.

Adresse A-2451 Hof am Leithaberge | **Anfahrt** B 15, Mannersdorfer Straße von Hof Richtung Donnerskirchen, nach vier Kilometern, kurz vor der Grenze zum Burgenland, linker Hand Parkplatz, 500 Meter zu Fuß zur Warte | **Öffnungszeiten** rund um die Uhr | **Tipp** Preisgekrönte Weichselmarmelade bekommen Sie im Weingut Schwarzbauer in Illmitz (Friedhofgasse 7).

39__Das Nationalparkkino
Perfekt für Regentage

Einen größeren Gegensatz kann man sich kaum vorstellen: das Schild »Kino Center« am Ende der Apetlonerstraße und dahinter, am Ortsende, die weiten Felder des Nationalparkzentrums. Von außen ist kaum zu erahnen, welch großer Saal in diesem Haus steckt. Das merkt man vor allem an einem Regentag, wenn die Besucher wie die Kraniche kurz vor Beginn der vollen Stunde ins Nationalparkkino ziehen.

Inhaberin Traude Kroiss ist eine Institution in Illmitz und Umgebung und betreibt das Kino seit über 50 Jahren. Am 15. Oktober 1967 lief der erste Film über die Kinoleinwand. Anfang der 1960er Jahre hatten rund 100 burgenländische Dörfer ihr eigenes »Lichtspieltheater«. Heutzutage gibt es nicht einmal mehr eines in der Landeshauptstadt Eisenstadt. Kroiss ist sich der Konkurrenz durch die großen Kinocenter in den umliegenden Städten bewusst, doch ihr kleines Kino punktet mit speziellen Qualitäten: Persönlichkeit und Herzlichkeit. Dafür sorgt sie, die alle Gäste selbst begrüßt, gemeinsam mit ihrem Mann Rudi und Mitarbeiter Josef.

Dieser bringt Snacks und Getränke persönlich an die Tischchen vor den bequemen Polstersesseln, sobald im Saal das Licht ausgegangen ist. Man muss sich also nicht stressen, vor dem Film schnell noch Popcorn oder Cola zu ergattern – das geht alles während des Films. Vorher und nachher wird gern geplaudert, und sind Kinder nach einem besonders aufregenden Film etwas aufgedreht, bekommen sie schon mal einen Schokoriegel »aufs Haus« angeboten – »zur Beruhigung«. Das Haus ist ein Raumwunder – sogar ein kleines Café zum Plaudern »davor« oder »danach« hat hier Platz.

»Wer einmal kommt, kommt wieder. Wer dreimal kommt, gehört dazu. Bis 80 mache ich auf jeden Fall weiter«, so die alterslos wirkende Grande Dame, die die Filme persönlich aussucht und aus allen Sparten das Aktuellste führt – so auch Arthouse-Programme und viele Filme für junge Zuschauer, auch in 3-D.

Adresse Apetloner Straße 32, A-7142 Illmitz, Tel. 02175/2205, www.nationalparkkino.at |
Anfahrt L 205 bis Illmitz, beim Hauptplatz Richtung Apetlon auf Apetloner Straße
abbiegen | **Öffnungszeiten** Programm siehe Homepage | **Tipp** Schräg gegenüber, in der
Apetloner Straße 43, befindet sich der Heurige Holzhammer mit hervorragender warmer
und kalter Küche. Im Früh- und Spätsommer kann man mit etwas Glück auf der großen
Terrasse sitzend riesige Vogelschwärme beobachten, die von und zum See fliegen.

40__Das Nationalparkzentrum

Zu Besuch bei »Österreichs seltsamem Gast«

Im Nationalpark Neusiedler See – Seewinkel gibt es bei jedem Wetter etwas zu entdecken. »Österreichs seltsamer Gast« – so nannte bereits Franz Werfel zu Beginn des vorigen Jahrhunderts in seinem Gedicht den Steppensee.

Die 2019 neu gestaltete Ausstellung im Nationalparkzentrum in Illmitz ist im Wesentlichen in vier Bereiche unterteilt, die die vier Lebensräume im Nationalpark genau unter die Lupe nehmen: den Schilfgürtel, die Salzlacken, die artenreiche Kulturlandschaft mit ihren Wiesen und Hutweiden sowie im Südosten des grenzüberschreitenden Nationalparks das Niedermoor des Hanság.

Im hauseigenen Kinosaal laufen Filme über die Tier- und Pflanzenwelt. Setzt man sich hierher, ist es, als würde man mitten in der Natur sein, man kann sogar die Jahreszeit wählen. Interaktive Animationen laden in der ganzen Ausstellung zum Entdecken ein, kurze Videos zu den wichtigsten Themen wählt man selbst. Selbstverständlich wird man hier auch über das Wegenetz und die Aussichtstürme beiderseits der Grenze kompetent informiert – für das authentische Naturerlebnis.

Man kann das ganze Jahr über an Exkursionen teilnehmen oder individuelle Touren buchen. Für diese braucht man nicht unbedingt Vorkenntnisse – die erfahrenen Ranger erklären auch Kompliziertes so, dass es für jedermann verständlich ist. Neben wissenschaftlichen Exkursionen werden auch Führungen speziell für Familien angeboten. Eine Herzensempfehlung für das Frühjahr ist beispielsweise die Führung mit dem Titel »Im Kindergarten der Graugans«, die bereits für kleine Kinder interessant ist. Der Besuch des Nationalparkzentrums ist übrigens kostenlos, dabei ist auch eine Besteigung des Aussichtsturms und das Ausborgen von Qualitätsferngläsern inkludiert. Qualifizierte Mitarbeiter stehen jederzeit für Fragen zur Verfügung. Die Texte sind auf Deutsch, Englisch und Ungarisch verfasst.

Adresse Hauswiese, A-7142 Illmitz, Tel. 02175/3442, www.nationalparkneusiedlersee.at |
ÖPNV Regionalzüge bis Neusiedl am See, Bus 290 ab Neusiedl am See, Haltestelle
Obere Hauptstraße (Feuerwehrhaus), von dort über Angergasse circa 500 Meter | **Anfahrt**
B 51, L 205 nach Illmitz, 200 Meter vor Ortseinfahrt rechts abbiegen, 100 Meter bis
Nationalparkzentrum; Betreten von Wiesen, Schilf- und Wasserflächen im National-
park verboten | **Öffnungszeiten** April–Okt. täglich 8–17 Uhr, Nov.–März Mo–Do
9–16 Uhr und Fr 9–12 Uhr | **Tipp** Aus der St.-Bartholomäus-Quelle am Illmitzer Haupt-
platz sprudelt schwefelhaltiges Mineralwasser aus 200 Meter Tiefe. Die Heilquelle war
schon in Seuchenzeiten ein Segen und hat einen vielfach höheren Mineralisationsgrad als
kommerzielle Mineralwasser.

41 Die Przewalskipferde
Scheu und schwer zu finden

Dass es im Seewinkel auch Wildpferde gibt, wissen viele nicht. Es sind die kleinen beigen Pferde mit dem schwer auszusprechenden Namen Przewalski (man spricht »Pschewalski«). Benannt wurden die Pferde, die sich zwischen Seedamm und Schilfgürtel aufhalten, nach einem russisch-polnischen Forscher. Ende des 19. Jahrhunderts waren sie durch intensive Bejagung und Zurückdrängen ihrer Weidegründe fast ausgerottet. Danach begannen Bemühungen, sie in Zoos wieder zu züchten. Da sich viele in Gefangenschaft jedoch nicht fortpflanzten beziehungsweise bei der Bombardierung der Zoos Ende des Zweiten Weltkrieges umkamen, stammen die heute lebenden Przewalskipferde von nur 13 Tieren ab.

Seit den 90er Jahren beweiden sie den Seedamm und das Seevorgelände im Nationalpark. Dieser 20 Kilometer lange Sandwall ist 2.000 Jahre alt und bildete sich durch Eisstöße am Ostufer; seine Lockersedimente stammen vom Grund des Sees. Der Artenreichtum offenbart sich erst auf den zweiten Blick: Er ist Rast- und Brutplatz von vielen Vogelarten.

Die Ansiedelung der Wildpferde war eine klassische »Win-win-Situation«. Im Zuge eines Zucht- und Auswilderungsprojekts konnte der Tiergarten Schönbrunn die Pferde an das Leben in freier Natur gewöhnen, und der Nationalpark profitiert von der Beweidung – die Tiere halten das Schilf im Zaum.

Sie sind allerdings schwer zu finden und oft weit von ihrem Unterstand entfernt. Wer noch nie Wildpferde gesehen hat, wird staunen, wie man hier das Herdenverhalten studieren kann, auch wenn zur Sicherheit ein dünner Elektrozaun angebracht ist. Sie galoppieren in einer Staubwolke heran; bei Rangkämpfen keilen sie schon mal kräftig aus. Aus Sicherheitsgründen ist derzeit kein Hengst in der Herde. Wenn man sie sehen will, bucht man am besten eine Tour im Nationalparkzentrum, oder man borgt sich ein E-Bike aus oder wandert vom Parkplatz der Biologischen Station nach Norden.

Adresse Adresse Seedamm, A-7142 Illmitz, www.nationalparkneusiedlersee.at | **ÖPNV** Bus 290 ab Neusiedl am See, Haltestelle Illmitz Abzweigung Hölle; mit dem Fahrrad oder zu Fuß Feldweg vom Unterstand bei Illmitz-Hölle parallel zum Seedamm Richtung Albersee, circa fünf Kilometer, Herde seeseitig | **Anfahrt** B 51, L 205 nach Illmitz, Parkplatz im Ort; Betreten von Wiesen, Schilf- und Wasserflächen im Nationalpark verboten | **Tipp** Fast ebenso urwüchsig sind die isländischen Verwandten der Przewalskipferde. »Klein-Island« findet man in der Schellgasse 56 in Illmitz, wo es Unterricht für Kinder und Erwachsene gibt und natürlich auch die Möglichkeit, die für Islandpferde typische fünfte Gangart »Tölt« auszuprobieren.

42___Die Pusztabrunnen

Ganz schön viel Druck

Im Seewinkel sind sie ein gewohntes Bild: die Pusztabrunnen. Seit alters her dienten sie Bauern und Hirten rund um den Neusiedler See zur Erleichterung der Wasserbeschaffung, insbesondere beim Tränken von Vieh. Wer das beliebte Fotomotiv sucht, kann beispielsweise zwischen Podersdorf und Frauenkirchen, neben dem Darscho (siehe Ort 4) oder auf der Straße von Illmitz zum Seebad Ausschau halten – dort befindet sich an der Seegasse kurz nach dem Ortsende rechts ein besonders schönes, mit Infotafeln bestücktes Exemplar. Im Sommer ist so ein »artesischer Brunnen« oft die einzige Wasserquelle. Darunter versteht man einen Brunnen unterhalb des Grundwasserspiegels, aus dem das Wasser von selbst austritt.

Eine Reisebeobachtung über den Hanság in »Vaterländische Bilder aus Ungarn und Siebenbürgen« von Friedrich Körner aus dem Jahr 1858 lautet: »Eine zuckerhutartige Schilfhütte dient dem Rinderhirten zur Wohnung, Schilf und Stroh zum Lager, und ein viereckiger Raum, der von vier Brettern zusammengehalten wird, als Herd, ein mit Fellen belegter Holzblock als Kopfkissen. Bei jeder Bewegung, bei jedem Tritte schwankt der Filzboden der Hütte, in welcher der sich einen artesischen Brunnen anzulegen weiß, indem er ein Schilfrohr bis tief hinab in den Sumpf steckt, es mit einem Stöpsel schließt, sich auf den Bauch legt und vorsichtig das tiefere Wasser aussaugt. Dies ist sein Morgentrank, denn eine solche Saugröhre bringt er stets neben seinem Lager an.«

Artesische Brunnen wie die Pusztabrunnen entstehen an Stellen, an denen das Wasser einem Druck ausgesetzt ist, beispielsweise in einer Senke oder wenn eine wasserführende Gesteinsschicht durch eine wasserundurchlässige nach oben hin abgedichtet wird. Der ganze Seewinkel ist im Prinzip eine solche Senke, für den Druck sorgen die erhöht liegende Parndorfer Platte und das Leithagebirge. Der Brunnen auf dem Bild befindet sich an der Straße zwischen Podersdorf und Illmitz.

Adresse Seegasse, A-7142 Illmitz | **Anfahrt** L 205 nach Illmitz, Richtung Seebad auf See-
gasse, 400 Meter nach Ortsende rechts | **Öffnungszeiten** rund um die Uhr | **Tipp** 250 Meter
weiter Richtung See, ebenfalls auf der rechten Seite, befindet sich der erste rollstuhlgerechte
Aussichtsturm Österreichs.

43__Das Tschida-Chili

Ein scharfer Genuss

Ursprünglich war es die Liebe zu scharfem Essen und zu den Chilis aus Südamerika, die Jan Tschida dazu brachte, auf dem Grundstück seiner Eltern etwas Neues auszuprobieren – und verschiedene Chilisorten auch hierzulande anzubauen. Da die Pflanzen hier, in der Gegend Österreichs mit den meisten Sonnenstunden im Jahr, so gut gedeihen, besteht das Sortiment aus rund 1.200 Pflanzen.

Sie wachsen im modernen, 50 Meter langen Folientunnel hinter dem Haus. Pro Jahr erntet Tschida rund 1.500 Kilogramm Chilis und verarbeitet sie zu Chilipasten, Salsas, Chilisoßen und Chilisalz. Durch das eigens entwickelte Trocknungsverfahren gibt es auch getrocknete Schoten und fertiges Pulver.

Die Pflanzen sind beschriftet, von mild bis feurig. Geerntet wird mit Handschuhen, eine exakte Klassifizierung ist notwendig, denn: Wussten Sie, dass die Geschmacksrichtung »scharf« als einzige nicht über die Geschmacksnerven an das Gehirn weitergeleitet wird, sondern über die Nervenbahnen, die Schmerz anzeigen? Die empfundene Schärfe hängt auch von der »Unterlage« ab. Gegrilltes verlangt nach einem schärferen Kontrast, wie zum Beispiel die Grillsoße »Roter Kohlenstoff«. Mit ihrer rauchigen Note ist sie auch für Amateure geeignet und passt perfekt zu Kotelett oder gegrilltem Gemüse. Für alle, die es gern schärfer mögen, sorgen »Wilder Osten« und die auf Ananas basierende Soße »Sonniger Süden« für den passenden Feinschliff. Chili-Profis sollten das »Karibische Feuer« probieren, das aus einer Selektion der weltweit schärfsten Chilisorten besteht.

Der neueste Spross, die »Gurkerlfee«, ist nach der Sorte Santa Fe benannt und ein eher mildes Relish. Man sollte sich jedoch nicht in falscher Sicherheit wiegen und anfangs auch davon nur eine kleine Menge kosten. Und immer genug Fett- beziehungsweise Milchhaltiges zum Neutralisieren bereithalten, falls der Gaumen doch einmal in Flammen steht.

Adresse Jan Tschida, Grabengasse 29, A-7142 Illmitz, Tel. 0664/5338614, www.tschidachili.at | **Anfahrt** B 51, L 205 nach Illmitz, vor der Freiwilligen Feuerwehr links in die Quergasse, wird zur Grabengasse | **Öffnungszeiten** Ab-Hof-Verkauf täglich, telefonische Kontaktaufnahme erwünscht | **Tipp** Wen es nach so viel Schärfe nach Süßem gelüstet, der sollte im Café Karlo am Hauptplatz 9 die Illmitzer Torte kosten. Sieben Schichten, darunter Schokobiskuit, Sahnecreme, Erdbeermarmelade und die helle Marzipandecke, begeistern nach altem Hausrezept – und es gibt sie nur hier!

44__ Die weißen Esel

Ihre Augen sind so blau …

Sie sind ein Wahrzeichen der Gegend: die weißen Esel mit ihren blauen Augen, die das Sandeck beweiden. Dieses liegt tatsächlich auf richtigem Sandboden, was wieder einmal zeigt, dass man nur in den Seewinkel zu fahren braucht, wenn man Lust auf Sand unter den Füßen hat. Das Sandeck ist der südlichste Abschnitt des 20 Kilometer langen Seedamms. Hier gibt es salztolerante Pflanzen, die besonders gut Wasser speichern können und im restlichen Österreich kaum vorkommen, wie Salzastern, Salzkresse oder Queller, der essbare Meeresspargel. Und eben die weißen Esel.

Ihr Ursprung geht mindestens bis in die Barockzeit zurück. Damals wurden sie in Österreich und Ungarn gezüchtet. Zu dieser Zeit waren in der adeligen Gesellschaft helle Tiere als Haustiere sehr beliebt. Sie sind keine Albinos, denen das Hautpigment völlig fehlt, sondern sogenannte »Gelblinge« (Cremellos). Welches Gen genau für die Farbaufhellung verantwortlich ist, wird gerade untersucht.

Der Bestand an »Barockeseln« wurde 1986 im Tierpark Schloss Herberstein wiederentdeckt. Während man in Österreich noch 30 Tiere, die alle aus Herberstein stammten, zählte, fand der damalige Direktor des Nationalparks Neusiedler See – Seewinkel, Kurt Kirchberger, unabhängig davon und ohne von Herberstein zu wissen, auch ein Exemplar in Ungarn. Dieses wurde mit Hilfe des damaligen Zoo-Direktors Helmut Pechlaner nach Österreich gebracht und ein neues Zuchtprogramm ausgearbeitet. Derzeit gibt es also eine Herberstein-Linie, eine Neusiedler-See-Linie und eine dritte, bei der die beiden gekreuzt werden. Die Zahl der Tiere betrug 2019 nur 320 insgesamt. Die Rasse ist somit hoch gefährdet. Es wird vermutet, dass es in Ungarn noch einzelne Tiere gibt, die für Arbeitszwecke eingesetzt werden.

Von einem Aussichtsturm aus kann man die Herde gut beobachten, mit etwas Glück auch Graurinder, die zur Beweidung eingesetzt werden.

Adresse Sandeck, A-7142 Illmitz, www.illmitz.co.at | **Anfahrt** vom südlichen Ortsrand (Ende der Schrändlgasse) zu Fuß oder per Fahrrad den Feldweg nach Südwesten circa drei Kilometer bis zum Sandeck oder von der letzten Abzweigung von der Illmitzer See-straße circa zwei Kilometer nach Süden (Fahrverbot für Autos); Kutschenfahrten möglich | **Öffnungszeiten** kein eingezäuntes Gebiet; Betreten von Wiesen, Schilf- und Wasserflächen im Nationalpark verboten | **Tipp** Der sandige Boden begünstigt neben dem Wachstum von Meeresspargel auch das einer ganz besonders guten Spargelsorte vom Acker. Familie Haider von Sandriegel Spargel verkauft sie saisonal ab Hof in der Angergasse 10.

45 Das Hexenbründl
Cherchez la femme

Am Neusiedler-See-Radweg B 10, zwischen Jois und Winden und etwas näher bei Jois, liegt hügelseitig ein eingefasster Brunnen mit der Skulptur einer Frau mit auf dem Rücken festgebundenen Händen. Der Sage nach soll man an diesem Brunnen möglichst schnell vorbeigehen, denn es handelt sich um das sogenannte »Hexenbründl«. Die Skulptur wurde 2002 vom Windener Künstler Ivan Dobromir geschaffen.

Am Fuß des Hackelsberges gab es immer schon Quellen, die den ersten hier sesshaften Menschen zur Wasserversorgung dienten, und damit sie nicht verunreinigt würden, wurden Fremde möglichst ferngehalten.

Einer Sage nach trieben hier Hexen ihr Unwesen. Sie hielten angeblich einen Geiger aus Winden bei seiner Rückkehr von einer Joiser Hochzeit auf, bewirteten ihn, und er aß und so trank viel, dass er die Zeit vergaß. Als die Turmuhr zwölf Uhr schlug, wollte er aufbrechen und brummte, dass er »'s schon kriegen würde von seinem Weib«. Die Hexen sagten, sie würden ihm gute Backwaren einpacken, damit seine Frau nicht murre, und holten ein Säcklein herbei, das sie damit füllten. Als der Mann nach Hause kam und seine Frau den Sack öffnete, fielen lauter Pferdeäpfel heraus. Da erschrak der Mann, denn jetzt wusste er, was er gegessen hatte.

Wie so oft wurde also auch hier einer Hexe die Schuld gegeben. Zur Erinnerung an solche Frauen, die unschuldig bestraft wurden, wurde die Skulptur geschaffen – und die Schriftstellerin Jutta Treiber steuerte ein Gedenkschild mit passenden Zeilen bei: »Flammende Wut der dunklen Zeit ist nie erkaltet / Folter glühende Schreie verbrannte Seelen / Scheiterhaufen lodern fort / Wasser fliesst«. Bei Letzterem dachte Treiber an das Gute, das dennoch fortdauert. Zum Glück muss heutzutage hier niemand mehr leiden – das Trepplein, das zum Brunnen fließt, ist mit lila Blüten bepflanzt, und durstige Wanderer oder Radfahrer können ganz in Ruhe ihre Trinkflaschen füllen.

Adresse Auflangenweg zwischen Winden und Jois, A-7093 Jois | **Anfahrt** B 50 bis Jois, über Joseph-Haydn-Gasse und Untere Hauptstraße zum Auflangenweg, Brunnen nach einem Kilometer nach dem Ortsende rechter Hand | **Öffnungszeiten** rund um die Uhr | **Tipp** Ebenfalls aus dem Mittelalter stammt das burgähnliche Gebäude des Kultur- und Veranstaltungszentrums Prangerschenke in Breitenbrunn, in dem viele Konzerte stattfinden (Prangerstraße 1A, www.prangerschenke.at).

46 Junger- und Hackelsberg
Giganten aus dem Tertiär

Fährt man am Westufer von Norden nach Süden, begleitet einen rechter Hand der wohlbekannte Höhenrücken des Leithagebirges. Umso überraschender sind die beiden wie Dinosaurierrücken aufragenden Hügel auf der linken Seite der B 50. Den 171 Meter hohen Jungerberg sieht man bereits von der Straße aus, den mit 192 Metern etwas höheren Hackelsberg am besten, wenn man dem Weg zum Jungerberg folgt. Auf jeden Fall könnte man meinen, die beiden fast skurril anmutenden Erhebungen seien nicht Teil des Leithagebirges, und genauso ist es auch. Beim Junger- und beim Hackelsberg handelt es sich um zwei ehemalige Klippen eines urzeitlichen Meeres. Geologisch gesehen sind sie die östlichsten Ausläufer der Alpen vor der kleinen ungarischen Tiefebene, mit einem Kern aus kristallinem Schiefer, der hier an die Oberfläche tritt und den Weinreben, die hier angebaut werden, eine besonders kräftige Note verleiht.

Die kahle Kuppe des Jungerbergs ist eine typische Hutweide. Diese Bezeichnung stammt nicht etwa von der Kopfbedeckung, sondern von dem Umstand, dass diese Gebiete seit Jahrtausenden von Tieren beweidet wurden; »Hut« kommt von »hüten«. So wurde ein steppenartiger Lebensraum mit eigener Flora und Fauna geschaffen. Im Frühling starten der gelbblütige Frühlings-Adonis und Traubenhyazinthen den Reigen, darauf folgen die weißen Milchsterne, die blauen Blüten der Glockenblumen und violette Königskerzen.

Von der Formenfülle des tropischen Meeres jener Zeit künden fossile Reste mit Seeigeln und Seesternen, wie sie in Steinbrüchen in der Gegend oder in der Siegendorfer Puszta am anderen Ende des Leithagebirges zu finden sind.

Blickt man vom Hackelsberg weiter nach Winden, sieht man die »Sonnenanbeterin«, eine Skulptur des berühmten Bildhauers Wander Bertoni, der sich in der Windener Gritschmühle mit einem eindrucksvollen Freilichtmuseum (und einem eigenen Eiermuseum!) ein Denkmal gesetzt hat.

Adresse A-7093 Jois | **Anfahrt** B 50 bis Jois, am südlichen Ortsrand seeseitig auf »Hill« ein-
biegen, bei der ersten Möglichkeit rechts auf Schotterweg, bei erster v-förmiger Gabelung
links halten, Jungerberg nach starker Linkskurve und fünf Kilometern erreicht; zum
Hackelsberg geradeaus weiterfahren und letztes Stück zu Fuß | **Öffnungszeiten** rund um die
Uhr | **Tipp** Wie am Meer fühlt man sich im Lokal »Seejungfrau« (Am Yachthafen 1). An
der kleinen Kiesbucht nebenan ist das Wasser von Mai bis September besonders warm.

47__Das Weingut Hillinger

Das praktischste Fahrrad

Jois ist sowohl Ausgangspunkt für 28 beschilderte Radwege als auch der Standort des Weinimperiums von Leo Hillinger. Er hat es gegen viele Widerstände aufgebaut. Heute werden seine Weine in der ganzen Welt verkauft.

Der Winzer ist dabei bescheiden geblieben und winkt Besuchern gern mal von seinem Mountainbike aus zu. Neben dem Sport engagiert sich Leo Hillinger als Investor in ganz Österreich, unter anderem bei ZEUS Protein Soda. Als Ausgleich ist er – wie könnte es anders sein – passionierter Radfahrer.

»Wirklich entspannen kann ich nur beim Radfahren«, sagte Hillinger. Rund 10.000 Kilometer spult er jährlich in Radmarathons ab, im Winter ist er oft in Südafrika, wo er bereits mehrmals an einem der härtesten Mountainbike-Rennen der Welt teilgenommen hat.

Wenn man sein Weingut besucht, das sich harmonisch in die Landschaft einfügt, hat man vom Gipfel der Weinberge einen wunderbaren Blick auf den kuriosen Hackelsberg (siehe Ort 46). 100 Hektar Weingärten bewirtschaftet der Betrieb in der Region Leithaberg heute, seit 2010 vollständig bio-organisch, die Weine werden in knapp 30 Länder exportiert. »Das Wichtigste ist für mich immer noch, Winzer zu sein«, sagt Hillinger, der jeden Tag um halb fünf zu arbeiten beginnt. »Wein zu machen, das ist meine Lebensphilosophie. Keine Flasche geht ohne mein Tun hinaus.«

Geht man zur Rückseite des Gebäudes, gelangt man zu einer versteckten, romantischen Freiluftkapelle, die man als Hochzeitslocation mieten kann. Daneben gibt es einen Veranstaltungssaal, von dem aus man einen Blick in die Kelterei werfen darf.

Im Schauraum, der sich zur Frontseite hin öffnet, findet man schließlich neben dem Fahrraddress, das Hillinger selbst designt hat, das wohl praktischste Fahrrad für diese Gegend: mit einem integrierten Weinflaschenhalter und einer Holzkiste für kulinarische Spezialitäten.

Adresse Hill 1, A-7093 Jois, Tel. 02160/83170, www.leo-hillinger.com | **Anfahrt** B 50 bis Jois, direkt nach dem Ort (von Neusiedl am See kommend) in »Hill« einbiegen, 200 Meter bis zum Weingut | **Öffnungszeiten** Mo–Fr 9–17 Uhr, ab März auch Sa, ab April auch So, sonst nach Voranmeldung | **Tipp** Die Raddressen sowie den Weinflaschenhalter fürs Rad gibt's bei »Mountainbiker am See« in Weiden am See (Obere Hauptstraße 87a, www.mountainbikeramsee.at). Dort kann man auch während einer Radtour prompten Service in Anspruch nehmen und eine Radwegkarte von der Umgebung bekommen.

48 Das 2Beans

The place to be

Den besten Kaffee findet man in Südamerika – und den zweitbesten in Kleinhöflein! Dies wurde auch zweimal vom Falstaff Café-Guide mit der Verleihung der goldenen Kaffeebohne für das beste Café des Burgenlandes bestätigt. Im Vorort von Eisenstadt wird Kaffeekultur von der Pike auf gelebt. Denn beim 2Beans handelt es sich nicht nur um ein Café, sondern um eine Rösterei. Die von Kleinbauern fair gehandelten Bohnen werden aus Lateinamerika importiert und entfalten hier ihr volles Aroma. Inhaberin und Röstmeisterin Monika Kager ist ausgebildete Chef-Diplom-Kaffee-Sommelière und Barista. Im Jahr 2012 erfüllte sie sich ihren Traum und eröffnete die 2Beans-Kaffeerösterei.

Eigentlich verdanken wir den schwarzen Genuss ja den Türken, die ihn bei der Zweiten Türkenbelagerung im Jahr 1683 nach Österreich und vor allem in diese Gegend, die »Einfallschneise nach Wien«, brachten. Selbstverständlich wird der Kaffee im 2Beans noch nach original türkischer Art zubereitet, aber auch nach Art der Beduinen. Wem es nach Schwächerem gelüstet, der kann auf der Speisekarte aus allein zehn Sorten Latte macchiato wählen. Mit Alkohol gibt es nicht nur den berühmten Wiener Einspänner, sondern gleich 14 Sorten! Ganz sanft ist der Tee Cascara aus Kaffeekirschen, den Früchten des Kaffeebaumes. Eine Kaffeekirsche enthält zwei Bohnen, sie waren für den Betrieb namensgebend. Dem pannonischen Klima geschuldet, kann man hier auch gekühlten Kaffee, Kaffee mit Eis und verschiedenste Sorten Trinkschokolade genießen, Letztere lieben vor allem die Kinder.

Eine gute Grundlage findet man in der Mehlspeistheke mit tagesfrischen Köstlichkeiten, daneben werden auch Herzhaftes oder Toasts angeboten. Auf den Geschmack gekommen, kann man im 2Beans Kaffeeverkostungen, Barista-Workshops oder Kurse in Latte Art besuchen. So gut gestärkt, hat man Kraft für eine Leithagebirgsüberquerung.

Adresse Kleinhöfleiner Hauptstraße 8, A-7000 Kleinhöflein, Tel. 0650/3117703, www.2beans.at | **Anfahrt** A 3, Ausfahrt Müllendorf, dann B 59 bis Kleinhöflein, 100 Meter nach Ortsbeginn rechts in Kleinhöfleiner Hauptstraße, 2Beans auf der rechten Seite kurz vor dem Teich | **Öffnungszeiten** Mo–Sa 7–20 Uhr, So und Feiertage 8–20 Uhr, 1. Juni–30. Sept. täglich bis 22 Uhr | **Tipp** Keinen Kaffee, sondern guten Schnaps gibt es in der »Schnaps-Idee«, einem ehemaligen Zollhaus im nahen Eisenstadt (Esterházystraße 2). Chefin Brigitte Bürger digitalisiert auch Filme, und man bekommt bei ihr einen Eisenstadt-Erinnerungs-Film!

49_Das Wakeground

Mit Zug ins Glück

Das Beste soll man sich ja bekanntlich bis zum Schluss aufheben. Wenn man den österreichischen Teil des Neusiedler Sees nun also schon durchkitet, durchschwommen, durchwatet oder mit dem Schiff durchfahren hat, könnte man die ungarische Seite aufsuchen, die einige Überraschungen bereithält. Eine von ihnen wartet sogar noch kurz vor der Grenze.

Seit 12. August 2017 gibt es hier die erste und bisher einzige Wakeboard-Anlage im nördlichen Burgenland. Sie besteht aus zwei 180 Meter langen Seilen, die in einer Höhe von neun Metern angebracht sind. An diesen ist – wie bei einem Schlepplift – ein Bügel befestigt. Mit den Füßen steigt man auf ein Board (mit eingebauten Schuhen), man bekommt einen Helm, hält sich mit den Händen am Bügel fest – und los geht's, ähnlich wie beim Wasserski. Doch hier wird man nicht mit einem Boot gezogen. Die Steuerung erfolgt vom Ufer aus. Der Steuermann ist mittels Funkgerät über den Helm mit dem Fahrenden verbunden – kann also bei Bedarf langsamer schalten oder die Fahrt abbrechen und den Wakeboarder wieder an Land ziehen. Fällt man ins Wasser, und das ist zunächst normal, ist das trotz der fest sitzenden Schuhe nicht schlimm, denn man trägt auch eine Schwimmweste, die einen über Wasser hält. Man braucht allerdings Kraft in den Armen und Schultern, um dem Zug standzuhalten.

Einen Versuch ist es wert, denn hier kann man diese Sportart ganz ungefährlich ausprobieren. Gerade Kinder boarden mit großer Begeisterung. Sie scheinen eher durch Balance als durch Kraft zu punkten, flitzen jedoch mindestens ebenso schnell übers Wasser. Ausprobieren darf das jede(r), es gibt sogar Kinder- und Jugendcamps.

Für die Profis sind Hindernisse im Wasser eingebaut. Als Begleitperson kann man in einer Hängematte, beim Kiosk oder in einem schönen Schwimmteich abhängen – und bis in den Herbst hinein sogar im geheizten Pool!

Adresse Augasse 42, A-7013 Klingenbach, Tel. 0650/9060906, www.wakeground.at |
Anfahrt B 16 durch Siegendorf Richtung Ungarn, am 2. Kreisverkehr (bei »Turmöl Quick«)
rechts auf Klingenbacher Landesstraße, 1. Straße links, nach 300 Metern Plakat am Zaun,
in das Gelände fahren und rechts um den See herum zum Parkplatz | **Öffnungszeiten** siehe
Homepage; in den Ferien und am Wochenende Reservierung empfohlen | **Tipp** Am Rück-
weg (Richtung Wien oder Neusiedl) kann man im Safranoleum in Siegendorf (Eisenstädter
Straße 97) ein Mitbringsel für die Daheimgebliebenen kaufen. In der Ölmühle gibt es
Gewürze, Kräuter und Öle.

50__Der Kalkofen Baxa

Kunst und Kultur im Ofen

Fährt man von Mannersdorf in Richtung Hof am Leithagebirge, empfiehlt es sich, nicht die Höchstgeschwindigkeit zu wählen, sondern nach einem Schild zum Kalkofen Baxa Ausschau zu halten. Ansonsten würde man ein eindrucksvolles Industriemonument der Gemeinde Mannersdorf am ehemaligen Meeresufer des Leithagebirges, welches das Südostufer des Wiener Beckens bildete, verpassen. Auch heute noch sieht man, wenn man etwas oberhalb des Kalkofens steht, bis zum Nasenweg am Leopoldsberg nordwestlich von Wien, also quasi über das Wiener Becken und die Millionenstadt hinweg zur anderen Seite, ohne die Stadt selbst zu sehen! Schon allein das ist an klaren Tagen einen Ausflug wert.

In dem Ofen mit dem markanten Ziegelschornstein wurde von 1893 bis 1972 Kalk gebrannt. Namensgeber war die Kalkgewerkschaft Adolf Baxa, die den Ofen und den angrenzenden Steinbruch, in dem heute noch gearbeitet wird, betrieb. Kalk ist seit Jahrtausenden ein wichtiger Werkstoff, um Mörtel, Straßen und Fundamente herzustellen. Die Arbeiter transportierten den Kalkstein über eine Hochbrücke zum Fülltor und leerten ihn oben in den Ofenstock. Die auf 900 Grad Celsius erhitzte Masse wurde durch das Nachfüllen mit neuem Gestein langsam nach unten gedrückt, kühlte dort ab und wurde im Erdgeschoss händisch herausgezogen.

1960 wurde der Ofen aufgelassen, da die Herstellungsmethode nicht mehr effizient genug war, und verfiel zunächst. In den Jahren 1996 bis 1998 wurde er mit Unterstützung von Herrn Karl Tschank, der Familie Hasslinger, der Stadtgemeinde Mannersdorf und vieler Freiwilliger generalsaniert.

Nach der Restaurierung wurde darin ein Museum eingerichtet. Dort werden die Methoden der industriellen Steinverarbeitung veranschaulicht, es gibt regelmäßig Veranstaltungen rund um das spannende Thema Kalk sowie wechselnde Ausstellungen in der Galerie im Erdgeschoss.

Adresse A-2452 Mannersdorf am Leithagebirge, www.kalkofenbaxa.at | **Anfahrt** B 15 bis Mannersdorf, 500 Meter vor dem südlichen Ortsende Abzweig in Zufahrtsstraße zum Kalkofen, dem Hinweisschild folgen | **Öffnungszeiten** von außen rund um die Uhr; Veranstaltungen siehe Homepage | **Tipp** Wer lieber etwas Kühles mag, dem sei in Mannersdorf der Eissalon »Eisfalle« in der Hauptstraße 20 empfohlen.

51__Die Ruine Scharfeneck

Das schärfste Eck der »Wüste«

Der Naturpark »Die Wüste Mannersdorf« ist etwas für Alt und Jung. Schon die Römer siedelten sich hier an, und so gibt es auf dem Themenpfad »Wege der Weisheit« einen Infopoint über Kaiser Marc Aurel in der Ruine der Leopoldkapelle des Klosters St. Anna. Ein kurzweiliger Wanderweg führt an einem Bach namens Jordan vorbei zum Kloster, das 1644 errichtet wurde und heute nicht mehr bewohnt ist, allerdings einen netten Hofladen hat. Vor diesem wartet auch ein Waldspielplatz, wo man diejenigen absetzen kann, die nicht so gut zu Fuß sind. Die anderen können in 20 Minuten zur Ruine Scharfeneck wandern.

Die Ursprünge der Ruine liegen im 11. Jahrhundert. Der Name geht auf das ungarische Fürstengeschlecht der Scharfenecker zurück. 1555 zerstörte ein Blitzschlag den 24 Meter hohen Bergfried, was den Verfall der Burg einleitete. Bei der Zweiten Türkenbelagerung erlangte sie wieder Bedeutung, als 3.000 Menschen aus der Umgebung hier Schutz suchten. Die Mauern hielten stand, doch bald breiteten sich aufgrund der hygienischen Zustände Seuchen aus. Trotzdem weigerten sich die Verteidiger, sich zu ergeben. Auch als die Kuruzzen, ungarische Aufständische, den Ort zwischen 1704 und 1708 verwüsteten, verschanzten sich Bewohner in der Ruine. Danach verfiel sie und wird seitdem von der Natur zurückerobert.

Das Betreten der Ruine ist verboten, man kann die zehn Meter hohen Mauern jedoch von außen bewundern. Kommt man aus Richtung Kloster, ist es empfehlenswert, am geraden Weg zu bleiben, weil einen der Pfad sonst auf eine Brücke führt, die einsturzgefährdet ist. Die Ruine hat tatsächlich ein scharfes Eck, es ist aber fraglich, ob dieses namensgebend war. Witzig ist die ungarische Übersetzung »sár-fenék«, die in etwa »Gatsch-Popo«, also »Schlamm«-Popo, bedeutet. Es könnte also auch sein, dass dort einmal ein Kind genug vom Wandern hatte und sich in den Matsch setzte. Planen Sie daher beim Wandern immer eine Pause am Klosterspielplatz ein.

Adresse Naturpark Wüste Mannersdorf, A-2452 Mannersdorf am Leithagebirge |
Anfahrt B 15 nach Mannersdorf, zwischen Mannersdorf und Hof gebirgsseitig auf »Wüste
Mannersdorf« (Hinweistafel) abbiegen, im Park den Tafeln bis zum Kloster folgen, beim
Hofladen ein Kilometer geradeaus, dann 500 Meter links zur Ruine | **Öffnungszeiten** rund
um die Uhr | **Tipp** Am Beginn der »Wüste« erwartet Sie direkt an der B 15 das Gasthaus
Arbachmühle, wo es besonders gute Backhendl gibt.

52__Der Skilift

Die gemütlichste Piste Österreichs

Auch wenn das Burgenland in manchen Gegenden gar nicht wie das restliche Österreich aussieht, so gibt es hier, in der flachsten Gegend des Landes, natürlich auch einen Skilift. Dieser befindet sich auf dem 350 Meter hohen Scheiterberg des Leithagebirges. Eine gepflegte Wiese mit immerhin 75 Metern Höhenunterschied findet man da nach einem etwa zehnminütigen Spaziergang durch den Wald und eine gar nicht so kleine, von Birken gesäumte Schleppllifttrasse. Sie beginnt neben der »Hochfilzerhütte«, die nach dem Langzeit-Obmann des Naturfreunde-Vereins benannt ist. Dieser Verein hat sich für die Skiwiese eingesetzt und diese im Jahr 1949 händisch gerodet, nachdem ein paar Mannersdorfer Skipioniere hier ein geeignetes Wintersportgelände gefunden hatten. Der Lift ist ein klassischer »Handschuhabreißer«, also ein Schlepplift, der auch von Kindern benutzt werden kann. Für Langläufer beginnt hier eine anspruchsvolle, 14 Kilometer lange Loipe, die bis zum Parkplatz »Kaisereiche« führt, an dem der Weg zur Franz-Joseph-Warte (siehe Ort 38) beginnt.

Das Problem ist eher der Schnee. Neben dem Eingang der Hütte steht eine Tafel, auf der vermerkt ist, wie viele Tage hier bisher von Schnee gesegnet waren. 2012 waren es noch 28, in den letzten beiden Jahren leider null. Man braucht also ein klein wenig Optimismus.

Nichtsdestotrotz ist die Hochfilzerhütte auch an Sommertagen ein wunderschönes Ausflugsziel. Ganz oben befindet sich ein Gipfelkreuz. Wer erwartet, von dort aus den Neusiedler See zu sehen, irrt leider. Der Höhenrücken des Leithagebirges ist breiter als erwartet. Im Sommer kann man auf der Wiese wandern oder sonnenbaden.

Ein bisschen Ski-Feeling wird vor allem den jüngeren Besuchern, die die kleine Wanderung bis hierher geschafft haben, ganzjährig vermittelt: Am anderen Rand der Wiese gibt es nämlich eine Seilbahn, mit der man den Hang hinauf- und hinuntersausen kann.

Das Tragen von losen oder herabhängenden Kleidungsstücken ist verboten.

Wearing loose hanging clothes and accessories is strictly forbidden.

Adresse Skiwiese, A-2452 Mannersdorf am Leithagebirge | **Anfahrt** B 15 bis Mannersdorf, auf Hauptstraße einbiegen, dann der Beschilderung folgen, vom Spielplatzweg kurz nach dem Spielplatz rechter Hand beschilderter Wanderweg, von dort circa zehn Minuten zu Fuß | **Öffnungszeiten** Skilift: nur bei Schneelage; Hochfilzerhütte: im Winter täglich, sonst nur an Sonn- und Feiertagen | **Tipp** Im Sommer kann man das Mannersdorfer Thermal-Sportbad in der Mühlgasse besuchen. Für die Großen gibt es hier ein eigenes Sportbecken, für die Kleineren eine froschgrüne 40-Meter-Wasserrutsche.

53__Der Heurige

Fast so schön wie daheim

Typisch burgenländische Stimmung erleben oder sogar mit nach Hause nehmen – das können Sie beim Heurigen Zur Alten Kellertür in Mönchhof. Betritt man den weinumrankten Innenhof des seit 1868 bestehenden Heurigen, hat man hinter den Bänken und der Sandkiste für die Kinder auch gleich ein Wahrzeichen des Seewinkels vor sich, nämlich eine echte alte Tschardake. Diese aus Holzlatten gefertigten kleinen Häuschen wurden jahrhundertelang zum Trocknen von Maiskolben verwendet. War die Tschardake leer, trocknete man dort Kräuter oder stapelte Feuerholz für den Winter. Zwischendurch durften Kinder darin spielen. Beim Heurigen Zur Alten Kellertür dürfen sie das heute noch. Das Wort »Tschardake« dürfte aus dem Persischen stammen und zu Zeiten der Türkenbelagerungen zu uns gekommen sein. Als industrielle Maistrocknungsanlagen in Mode kamen, verschwanden auch die Tschardaken von den Straßenrändern. Die Nachbargemeinde Halbturn, die diese als Kulturgut schützt, besitzt eine stilisierte Tschardake im »T« ihres Namenslogos.

Im Heurigen Zur Alten Kellertür hängt neben der Tschardake eine alte Weintraubenquetsche an der Wand, im Hof steht eine Weinpresse. Sie zeigen eindrucksvoll, welch schwere Geräte früher für den Haushalt notwendig waren. In den Heurigenräumen stellen wechselnde Künstler jedes Jahr ihre Werke aus, die man gleich hier kaufen kann.

Im Eingangsbereich des Hauses hat sich Hausherrin Karin Gross einen wunderschönen Dekorationsladen namens »Zeitlos« eingerichtet. Hier kann man geschmackvolle Kleinmöbel, Lampen, Uhren, Bilder, Karten oder Textilien erstehen, die das Heim noch gemütlicher machen. Beim Betreten dominieren helle Farben, strahlendes Weiß und viel Licht. Luster blinken, Vasen blitzen in den Regalen. Wenn man also nicht nur die Stimmung beim Heurigen genießen möchte, sondern diese auch nach Hause mitnehmen will, ist man hier goldrichtig.

Adresse Heuriger Zur Alten Kellertür und Hofladen Zeitlos, Quergasse 26, A-7123 Mönch-hof, Tel. 02173/80722 (Heuriger), Tel. 0680/4001498 (Zeitlos), www.gross-heuriger.at |
Anfahrt B 51 bis Mönchhof, am Kreisverkehr dem Straßenverlauf folgen, bei der Diskont-tankstelle Moser Markus in Quergasse einbiegen | **Öffnungszeiten** Heuriger: März, April, Okt., Nov. Fr – So und Feiertage sowie Mai – Sept. Do – So und Feiertage 16 – 23 Uhr; Laden: Mi 14 – 18 Uhr, Nov.–März Do, Fr 14 – 18 Uhr und Sa 9 – 12 Uhr, ab März auch zu den Heurigenöffnungszeiten | **Tipp** In der Frauenkirchener Straße in Halbturn gibt es besonders viele Tschardaken, sie wurde daher auch »Tschardaken-Straße« genannt.

54__Der Romawagen

Die ganze Welt auf sechs Quadratmetern

Unter »Dorfmuseum« stellt man sich möglicherweise ein paar alte Häuser mit landwirtschaftlichen Geräten aus dem vorigen Jahrhundert vor. Im Freilichtmuseum in Mönchhof wurde jedoch aus der ursprünglichen Privatsammlung von Josef Haubenwallner ein ganzes Dorf mit Gebäuden aus der Zeit von vor 300 Jahren bis in die Gegenwart aufgebaut. Mit Wohnhäusern, Werkstätten, alten Geschäften, der Dorfschule, einer Bäckerei, einer Schmiede, dem Dorfplatz, einem Anger, einem Friseur, einem Wäscheladen und – besonders faszinierend – einem mitten im Gelände stehenden originalen Romawagen.

Man kann sich gut vorstellen, wie die Menschen damals durch die Lande zogen, ihre Kinder großzogen, Feste feierten. Auch wenn die burgenländischen Roma ein fürchterliches Schicksal durchleiden mussten. Hunderte »Zigeuner« wurden in der Nazizeit als »Asoziale« verhaftet und in Konzentrationslager verschleppt, weil sie keinen festen Wohnsitz hatten. Dies war nach Kriegsende auch der Grund, warum Roma und Sinti lange nicht als Opfer des Nationalsozialismus anerkannt wurden. Von den 8.000 burgenländischen Roma und Sinti überlebten nur 900 den Naziterror.

Im Gegenzug wurde vieles von den Roma ungefragt übernommen und geliebt, die Musik etwa, die sich in der »Zigányzene« typischer ungarischer Musikkapellen widerspiegelt. Die »Bandas« genannten Romakapellen waren damals schon Bestandteil von Hochzeiten und Tanzveranstaltungen. Die traditionelle Instrumentalbesetzung der Roma bestand aus Geige, Bratsche, Klarinette, Zymbal und Kontrabass. Beim Neujahrsspielen kamen diese Kapellen in viele burgenländische Orte. Heute gibt es im Dorfmuseum regelmäßig Veranstaltungen zum Thema Roma und Sinti, Roma-Treffen, Lesungen und Musikveranstaltungen.

Noch etwas Interessantes kann man im Dorfmuseum entdecken: An einem neu aufgebauten Grenzhäuschen steht ein echter Trabi!

Adresse Dorfmuseum Mönchhof, Bahngasse 62, A-7123 Mönchhof, Tel. 02173/80642, www.dorfmuseum.at | **ÖPNV** REX bis Neusiedl am See, Bus 292 bis Haltestelle Möchhof-Halbturn Bahnhof | **Anfahrt** A 4, Abfahrt Mönchhof, B 51 nach Mönchhof, am Ortsende in Bahngasse einbiegen | **Öffnungszeiten** 1. April – 31. Okt. Di – So 10 – 18 Uhr | **Tipp** Interessantes zur Identität und Geschichte der Volksgruppe erfährt man im Landesmuseum Burgenland in der Museumgasse 1 – 5 in Eisenstadt.

55 Der Grenzstein

Unter Wasser

Österreichs östliche Grenze verlief schon immer ein Stück weit unter Wasser – nämlich durch den Neusiedler See – und noch dazu gezackt. Die vier wichtigsten Grenzbruchpunkte wurden bereits 1922 mit Steinen unter der Wasseroberfläche markiert. Als Vermessungspunkte konnten damals nur die im Jahr 1909 bestimmten Kirchturmkugeln der den Neusiedler See umgebenden Dörfer benützt werden: die Kirchturmknäufe von Rust, Mörbisch, Illmitz, Apetlon, Pamhagen, Sarród, Hegykő, Fertőhomok, Balf und Fertőrákos.

Der Verlauf der Grenze im See war durch die kilometerweit entfernten Grenzsteine allerdings nicht erkennbar. Anrainer sollten aber insbesondere zu Zeiten des Eisernen Vorhangs diese an jeder Stelle erkennen können und vor dem Überqueren gewarnt sein. Die Planung der Sichtbarmachung war schwierig: Es mussten Umweltfaktoren mit einbezogen werden, die einen zerstörerischen Einfluss auf ein Bauwerk im See hätten ausüben können.

Der Seeboden ist mit einer 20 bis 50 Zentimeter dicken schwebenden Schlammschicht bedeckt, die an einigen Stellen aber auch fehlt. Das Wasser des Neusiedler Sees ist salzhaltig, hat einen pH-Wert von mindestens neun und einen Salzgehalt von 1.500 bis 2.000 Milligramm pro Liter. Weitere Gefahren der Natur sind neben Wellenschlag und Sturm auch der Eisdruck im Winter. 1961 wurde ein in den See gesetzter, 19 Tonnen schwerer Betonklotz bereits im darauffolgenden Jahr durch Eisdruck verschoben. Auch Versuche mit einer Eisenplatte, Bojen oder die Grabung eines Grenzkanals scheiterten. Schließlich wurde beschlossen, die vier Grenzbruchpunkte mit Betoninseln und Signalstangen kenntlich zu machen. Dafür wurden 180 Tonnen Beton verwendet.

Heute cruisen vor allem in den Sommermonaten mehrere Radfähren und Ausflugsschiffe auf dem See. Das Schifffahrtsunternehmen Drescher bietet interessante Touren zum Mörbischer Grenzstein an.

Adresse Schifffahrt Drescher Line GmbH, Badeanlage 1, A-7072 Mörbisch am See, Tel 02685/8820, www.drescher-touristik.at | **Anfahrt** B 52 bis Mörbisch, Seestraße (1. Straße links nach dem SPAR) bis zum Hafen, im Hafen links hinter der Seebühne beim Leuchtturm | **Öffnungszeiten** Fahrtzeiten während der Saison siehe Homepage | **Tipp** Im Restaurant Strandhaus Mörbisch gibt es neben guten Pizzen auch die Möglichkeit, beim Cocktailtrinken die Füße in den kristallklaren Teich zu tauchen oder gar auf einem aufblasbaren Flamingo zu relaxen – fast wie in der Karibik!

56__Das Langgusto
Kulinarische Windfestspiele

Das Mörbischer Seeufer ist ja vor allem für seine spektakuläre Seebühne bekannt. Doch auch wer sich nicht für die Festspiele interessiert,
sollte hierherkommen. Im Wassersportzentrum Lang wurde 2019 mit
EU-Mitteln ein stylishes Café-Restaurant errichtet, das »Langgusto«,
in welchem es sich am und auf dem Steg und der herrlichen, hoch gelegenen Terrasse sogar über Österreichs größtem See vorzüglich speisen
lässt. Die Terrasse bietet einen traumhaften Blick in alle Richtungen
quer über den See: von Neusiedl über Podersdorf bis nach Ungarn.

Das Langgusto bietet neben regionalen Spezialitäten auch zahl-
reiche pannonische Schmankerl. Sehr zu empfehlen sind die frischen
Flammkuchen, hier »Feuerfleck« genannt. Ein hauchdünner, salzi-
ger Teig wird mit frischem Rahm bestrichen und wie Pizza belegt,
»Südwind« mit Rohschinken und Parmesan, »Ostwind« mit Roten
Rüben und Feta und »Nordwind« mit Räucherlachs.

Der Küchenchef achtet besonders auf regionale Produkte und
Qualität. Dies spiegelt sich in der wechselnden Tageskarte wider,
auf der oft frischer Neusiedler-See-Fisch landet. Die Nähe zum
Nachbarland zeigt sich auf der Dessertkarte. Auf keinen Fall sollte
man sich die Lekvár-Palatschinken (ungarisch für Marmelade) ent-
gehen lassen. Frühstück gibt es im Langgusto in der Sommersaison.

Das Frühstück auf der Sonnenterrasse zählt zu den absoluten
Highlights des Tages. Wenn die Sonne langsam über dem Neusiedler See aufgeht und ihre volle Kraft entfaltet, kann man mit seinen Gedanken umherschweifen und Köstlichkeiten aus der Region
genießen. Die Aussicht über die Schilfinsel Mörbisch war bisher
nur wenigen vergönnt – die höher gelegene Terrasse macht's möglich. Von hier hat man einen sehr guten Blick auf die Seebühne
Mörbisch, die erst kürzlich vom Intendanten Alfons Haider übernommen wurde. Das Restaurant umfasst nur 78 Plätze, bei schönem
Wetter sollte man also unbedingt reservieren. Dann hat man gute
Chancen, sich quer durch alle Windrichtungen zu speisen.

Adresse Nordhafen 1, A-7072 Mörbisch am See, Tel. 0676/7333838, www.langgusto.at |
Anfahrt B 52 nach Mörbisch, in die Seestraße einbiegen und vor der Zufahrt zur
Seebühne links halten, der Beschilderung folgen | **Öffnungszeiten** Frühling–Herbst
Fr, Sa 10.30–21.45 Uhr, So 8.30–21.45 Uhr, unter der Woche saisonal variierend, siehe
Homepage | **Tipp** Wer nach dem Essen Lust hat, den See zu erkunden, kann sich bei
Wassersport Lang die Ausrüstung zum Stand-up-Paddeln, Surfen oder Kiten ausborgen
(www.wassersport-lang.com).

57__Der Olivenhain

Die Kinderstube österreichischer Oliven

Wer glaubt, dass Oliven nur in südlichen Ländern gedeihen, irrt. In der sonnigsten Gegend Österreichs erfüllten sich Sabine Haider und Franz Günther von OLIVIA.bio im Jahr 2016 den Traum von einem eigenen Olivenhain. Die Haine hoch oben zwischen den Weinbergen muten mediterran an. Jetzt wird klar, weshalb der Neusiedler See auch das »Meer der Wiener« genannt wird. 2017 pflanzten Sabine und Franz die ersten 59 Bäume, die von einer Gärtnerei in Italien stammten. Mittlerweile haben sie rund 500 Bäume und ernten die ersten »echten Mörbischer Oliven«. »Mit sieben bis acht Jahren beginnen die Bäume, Früchte zu tragen; wirtschaftlich rentabel sind sie mit rund 15 Jahren«, erzählt Franz Günther. Derzeit ernten sie mehrere Kilo Oliven pro Jahr, Tendenz steigend.

Auf dem oberen Grundstück mit den Steinbänken befindet sich die »Kinderstube« der Olivenbäume. Die »halbwüchsigen«, bereits tragenden, stehen auf dem unteren Grundstück, in dessen Mitte zwei Liegestühle Besucher zum Relaxen einladen. Wer darauf spitzt, heimlich ein paar Oliven zu pflücken, wird allerdings enttäuscht werden, die Früchte sind im Rohzustand bitter und müssen vor dem Verzehr erst verarbeitet werden.

Olivenöl zu produzieren ist das große Ziel von OLIVIA.bio – für einen Liter Öl braucht man zehn Kilo Oliven. Doch die Bäume haben sich bereits an hiesige Winter gewöhnt, also ist das Ziel durchaus realistisch. Bis es so weit ist, kann man Baumpate werden. Dann bekommt man einmal im Jahr ein Patenpaket mit eingelegten Früchten zugeschickt. Außerdem kann man hier auch Olivenbäume für den eigenen Garten kaufen.

Einem alten Brauch unter Olivenbauern zufolge lassen Franz und Sabine übrigens bei jeder Ernte eine Frucht am Baum hängen – damit der Baum weiß, was er im nächsten Jahr zu tun hat. In diesem Umfeld dürfte den Bäumen die Arbeit nicht allzu schwerfallen.

Auch zur Blüte Anfang Juni ist es hier besonders schön.

Adresse OLIVIA.bio, Olivenhain Birnheid und Martinsplatzl, A-7072 Mörbisch am See, www.olivia.bio | **Anfahrt** Olivenhain Birnheid: B 52 bis Mörbisch, gegenüber vom SPAR Kinogasse hinauffahren, rechts auf Hauerstraße, 2. Straße links auf Sonnwendgasse, am Ende rechts auf Mühlwinkl, dem Straßenverlauf bis zur Weggabelung folgen, rechts halten und circa 500 Meter den Hügel hinauf, oberer Hain mit Steinbänken direkt beim Eingang, gegenüber unterer Hain mit Liegestühlen | **Öffnungszeiten** Olivenhain rund um die Uhr | **Tipp** In früheren Zeiten haben die Hüter (»hiata«) die Mörbischer Weingärten vor Dieben bewacht. Dafür bauten sie sich kleine Hütten aus Stein. Eine solche Mörbischer »Hiatahitt'n« findet man am Rad- oder Wanderweg zwischen Mörbisch und Rust.

58 Das Weindenkmal

Wandern in den Trauben

Weinliebhaber, die einen schönen Platz zum Picknicken oder gar für eine Hochzeit suchen, werden am oberen Ortsrand von Mörbisch fündig. Auf einem Hügel mit Blick über den See steht das erst wenige Jahre alte Weindenkmal: eine runde Laube, quasi ein Rundgang von circa 100 Metern Durchmesser. Auf diesem wurden Rot- und Weißweinsorten angepflanzt und überwuchern nun das Dach. Bei jeder Weinrebe gibt es Informationen zur jeweiligen Sorte.

Das Weindenkmal ist Ausgangspunkt des circa 38 Kilometer langen Weinwanderweges (MOOST). Dieser führt durch Mörbisch, Oslip, Oggau und St. Margarethen. 21 Erlebnisstationen vermitteln Interessantes. Acht Informationstafeln markieren zusätzlich die Route und geben Auskunft über Sehenswertes, und man kommt an vielen Heurigen, Weingütern und Buschenschanken vorbei. Dies sind Betriebe, die nur eigene Erzeugnisse anbieten dürfen – ein prächtiger Reisigbuschen an der Tür zeigt an, dass geöffnet ist. Eine Wanderkarte bekommt man im Tourismusbüro Mörbisch.

Mörbisch liegt im größten Weinbaugebiet des Burgenlandes und ist auch Weinlieferant für den Wiener Opernball – eine besondere Auszeichnung und gleichzeitig ein Qualitätssiegel für die Arbeit der Winzer aus dieser Gegend. Die Mörbischer Weine sind national und international begehrt, befinden sich bei verschiedensten Bewertungen immer wieder auf Spitzenplätzen und haben verschiedenste Prämierungen erhalten. Ein typischer Wein der Gegend ist zum Beispiel der Welschriesling. Diese Rebsorte braucht warme und nährstoffreiche Böden.

Die Mörbischer Ortsvinothek in der Hauptstraße 95 verfügt über einen Großteil der prämierten Weine, und man kann sie dort verkosten. Wunderschön und UNESCO-Weltkulturerbe sind auch die Hofgassen von Mörbisch, ganz schmale Gässchen links und rechts der Hauptstraße. In der Houfgossnkredeinz in der Hauptstraße 41 gibt es Schmankerl, die zu den Weinen passen.

Chardonnay

Gilt international als edelste und beste Weißweintraube.

Sie stellt keine allzu großen Ansprüche an d_ Boden, benötigt aber gute Lagen. Die Traube ist mittelgroß, die Beeren sind bei Vollreife gelb gefärbt.

Die Sorte liefert elegante, fruchtige, volle und sehr körperreiche Weine mit kräftiger Säurenote. Eignet sich wie kaum eine andere Weißweinsorte für Barriqueausbau und ist lange lagerfähig.

Adresse St.-Margarethener-Straße 54, A-7072 Mörbisch am See | **ÖPNV** am MOOST-Wanderweg, Radwanderwege B 10 und B 31, Zigeunerbaronweg; Wander- und Radkarten im Tourismusbüro Mörbisch (Hauptstraße 23, Tel. 02685/8430) | **Anfahrt** B 52 bis Mörbisch, gegenüber vom SPAR die Kinogasse hinauffahren, rechts auf Hauerstraße, 2. Straße links auf Sonnwendgasse, rechts auf Mühlwinkl, Weindenkmal linker Hand | **Öffnungszeiten** rund um die Uhr | **Tipp** In der Golden View Ranch gegenüber in der St.-Margarethen-Straße 54 kann man Westernreiten ausprobieren.

59__Das Weingut Schönberger

Der Wein des Märchenprinzen

Mainstream war er nie, der Schöpfer des Weinetiketts mit der schwarzen Ente, Bio-Weinbauer Günther Schönberger. Als Saxophonist und Manager der Musikgruppe EAV tourte er in den 80er Jahren durch die Lande und spielte Hits wie »Ich bin der Märchenprinz« oder »Ba-Ba-Banküberfall«. Damals reifte auch sein Interesse am Weinbau. Bereits 1991 bewirtschaftete er seine Weingärten – mittlerweile 16 Hektar in Mörbisch und Rust – nach biologisch-dynamischen Richtlinien. Das bedeutet, dass er ausnahmslos Mittel einsetzt, die aus dem Kreislauf der Natur stammen.

Die biodynamische Wirtschaftsweise geht weit über das Biologische hinaus. Sie beinhaltet nicht nur den Verzicht auf chemisch-synthetische Dünge- und Spritzmittel, sondern auch eine bestimmte Sicht auf die Kreisläufe der Natur, wie zum Beispiel das Ausnutzen der Mondphasen. »Biologisch-dynamisch« ist die strengste biologische Zertifizierung. Dazu gehören die behutsame Behandlung der Trauben bei Lese und Pressvorgang, Ruhe im Keller, keine Filtration, Reifung nur in Holzfässern, Pflanzenstärkung mit Aufgüssen von Heilpflanzen und kleinen Mengen von ganz bestimmtem Kompost. Schönberger ist überzeugt davon, dass Pflanzen, die mit weniger »Schutz« von außen auskommen müssen, besser »arbeiten« und Energie aus dem Boden holen können. »Diese Pflanzen geben Trauben, die ihre eigene Geschichte erzählen«, so Schönberger. »Und das schmeckt man in unseren Weinen.«

Und die sind ebenso individuell wie ihr Besitzer. Schönberger macht Weine, die unverwechselbar sind, Mainstream-Geschmack interessiert ihn nicht. Das hat er mit Schokoladenproduzent Josef Zotter gemeinsam, und deshalb sind auch schon kreative Symbiosen wie die »Schönberger Blaufränkisch«-Schokolade entstanden. Als neuester Coup wird Schönbergers Wein bald auch auf Schifffahrten ausgeschenkt! Wenn das der Märchenprinz damals schon gewusst hätte …

Adresse Hauptstraße 82, 7072 Mörbisch am See, www.weingut-schoenberger.com |
Anfahrt B 52 bis Mörbisch Hauptstraße | **Öffnungszeiten** Besichtigung nach Anmeldung,
Onlineshop rund um die Uhr | **Tipp** Kunstliebhaber werden im ART HOUSE Project in
der Karl-Renner-Straße 2 in Eisenstadt viel Interessantes finden. Hier gibt es tolle Ausstellungen und Kunstmessen.

60__Das Lokomotivmuseum

Zu Gast bei András und Kiscenk

Die ersten Dampflokomotiven waren eine Sensation und läuteten das Industriezeitalter ein. Wie bei den meisten neuen Errungenschaften waren viele Menschen anfangs skeptisch. Die zischenden Ungetüme wurden als Teufelswerk betrachtet, die ersten Bahnhöfe auch wegen des Funkenflugs möglichst weit weg von den Siedlungen gebaut. Die Technik beruhte auf einem Dampfkessel, in dem mittels Heizenergie durch Kohle Wasserdampf erzeugt wurde, dessen Druck ein Fahrgestell antrieb.

Wer schon immer einmal mit einer echten Dampflokomotive fahren wollte, findet hier die Gelegenheit dazu. Zwischen dem kleinen ungarischen Dorf Fertőbóz, das an die Bahnstrecke der GYSEV/Raaberbahn Sopron–Győr angeschlossen ist, und dem Sitz des ehemaligen Verkehrsministers und Bahnpioniers Graf István Széchenyi wurde in den 70er Jahren die Széchenyi-Museumsbahn errichtet. Sie wurde zunächst als Pioniereisenbahn in Betrieb genommen und von Kindern, mit Erwachsenen als Lokomotivführern, betrieben. In den letzten Jahren wurde diese Schmalspurbahn besonders liebevoll restauriert. Sie besitzt eine Spurweite von 760 Millimetern und eine Streckenlänge von 3,6 Kilometern und verwendet die normalspurige Trasse einer aufgelassenen Anschlussbahn zur ehemaligen Nagycenker Zuckerfabrik. Nun verkehren auf dieser Strecke an den Sommerwochenenden regelmäßig sowohl die Diesellok »Kiscenk« als auch eine echte Dampflok: »András«.

Einen Besuch in Nagycenk kann man hervorragend mit einer Besichtigung des Schlosses Széchenyi (siehe Ort 61) kombinieren. Den anderen Endpunkt in Fertőbóz kann man mit einer Wanderung zur dortigen Gloriett (siehe Ort 19) verbinden.

Am Endpunkt der Strecke in Nagycenk befindet sich ein Freilichtmuseum mit verschiedenen Lokomotivmodellen und einem tollen Lokomotivspielplatz für Kinder. Bahnhof und Freilichtmuseum wurden erst 2019 mit EU-Mitteln brandneu renoviert.

Adresse Széchenyi Múzeumvasut Nagycenk, Kastély, H-9485, Tel. +36/99577244, www.kisvasut.hu | **Anfahrt** B 84 bis Nagycenk, bei der v-förmigen Gabelung links halten, nach einem Kilometer links auf Fertőbozi utca einbiegen, dort parken, Freilichtmuseum und Bahnstation Nagycenk direkt dahinter | **Öffnungszeiten** Museum: täglich 8–18 Uhr; Museumsbahn: April–Okt. an Wochenenden, Fahrplan (ungarisch: Menetrend) unter www.gysev.hu | **Tipp** Für Liebhaber echter Puszta-Romantik ist der alte, aufgelassene Bahnhof Nagycenk-Hidegség ein besonderes Highlight. Er liegt an der Straße nach Hidegség (siehe Ort 37).

61 Der Schlosspark Széchenyi

Hölle im Himmel und noch mehr Hufeisen

Wo findet man Hölle im Himmel? Und was hat der fünfte Wiener Gemeindebezirk mit einem prominenten Grab in der Nähe des Neusiedler Sees zu tun? Nun, kein Geringerer als Franz Anton Pilgram, Barockarchitekt und Namensgeber der Wiener Pilgramgasse, erbaute das Haupttor des spätbarock-klassizistischen Schlosses Széchenyi in Nagycenk. Dies war der Wohnsitz des ungarischen Visionärs und Reformpolitikers Graf István Széchenyi.

Das wildromantische Schloss ist Sitz des István-Széchenyi-Gedenkmuseums und auch wegen seiner wunderschönen Lindenallee berühmt. Diese 20 Meter breite und 2,6 Kilometer lange Allee ist UNESCO-Weltkulturerbe. István Széchenyis Eltern pflanzten sie 1754. Sie beginnt direkt gegenüber dem Schloss auf der anderen Seite der B 85, dort befindet sich auch ein kleiner Skulpturenpark. Sie diente zunächst als Reitallee, wie überhaupt Nagycenk ein kleines Mekka des Pferdesports ist. Davon zeugt auch das Sattelmuseum im ehemaligen Gestüt des Schlosses, in dem man einen echten Husarensattel bewundern kann.

Der vordere Teil des Schlossparks besticht durch seine barocke Bepflanzung mit einem hübschen Brunnen, wenn auch alles etwas unperfekter wirkt als bei der nahe gelegenen »großen Schwester«, dem Schloss Fertőd. Ein besonderer Schatz jedoch liegt an verborgener Stelle: Links des Ziergartens schließt sich ein weitläufiger englischer Garten an. Geht man an das vom Eingang aus gesehene linke Ende des Schlosses und dann an diesem vorbei nach hinten, befindet sich nach circa 50 Metern links vom Hauptweg ein nicht ganz leicht zu findendes Grab, das derzeit unter einem wunderschönen umgestürzten Baum teilweise versteckt ist. Der leicht verwitterte Grabstein mit der Aufschrift »Pokol – Graf Széchenyi Istváns Pferd«, »Pokol« bedeutet »Hölle« – zeigt, wer hier begraben liegt: nämlich Széchenyis Lieblingspferd.

Das Schloss Széchenyi wird zurzeit renoviert.

Adresse Schloss Széchenyi, Kiscenki utca 7, H-9485 Ungarn, Tel. +36/304471248 | **Anfahrt** B 84 bis Nagycenk, bei der v-förmigen Gabelung links halten, parken am Ortsbeginn bei der Lokomotivausstellung Fertőbozi utca / Major utca, 200 Meter zu Fuß zum Schloss an der B 85 | **Öffnungszeiten** Museumsbahn April – Okt. an den Wochenenden, Fahrplan unter www.gysev.hu | **Tipp** Gut essen kann man im Fogadó Som, fünf Kilometer außerhalb des Ortes. Dort gibt es die beste Rindssuppe, köstliche, hauchdünne Schnitzel in Sesampanier und einen großen Wiesenspielplatz zum Austoben für die Kinder – mit einem Pferd aus Holz.

62 Das Széchenyi-Mausoleum

Die Mumie vom Neusiedler See

Pappeln führen am Friedhof von Nagycenk zum Mausoleum der Familie Széchenyi. Es ist die Grabstätte der Familie des ungarischen Staatsmannes Graf István Széchenyi (1791–1860), der den Fortschritt Ungarns in der Habsburgermonarchie prägte. Er war der Erbauer der ersten Brücke von Budapest, Förderer von Wissenschaften, Schifffahrt, Pferdezucht und Eisenbahn. Insbesondere England, das damals industriell am weitesten entwickelte Land Europas, und die Türkei faszinierten ihn. Sein Rivale Lajos Kossuth verlieh ihm sogar den Ehrentitel »Größter Ungar«. Dennoch verlor er seine Position an Kossuth, der Ungarn in die Revolution dirigierte, was einen vergeblichen Unabhängigkeitskrieg gegen die Habsburger zur Folge hatte. Széchenyi hatte davor gewarnt und behauptet, Kossuth werde das Land in eine Katastrophe führen. In der Revolutionszeit brach Széchenyi zusammen und verbrachte die letzten elf Jahre seines Lebens in einer Nervenheilanstalt in Döbling. Nach Androhung der Überführung in eine Irrenanstalt nahm er sich 1860 durch einen Kopfschuss das Leben. In einem geöffneten Sarg des Mausoleums liegt hinter Glas sein mumifizierter Leichnam mit dem Einschussloch im Kopf.

Das Mausoleum ist in eine barocke Kapelle integriert, die von Franz Anton Pilgram erbaut wurde und in deren Erdgeschoss sich eine Orgel befindet, auf der bereits Franz Liszt gespielt hat. In die Krypta führen Stufen mit einer Inschrift, die übersetzt bedeutet: »Wir waren wie ihr, ihr werdet wie wir Staub und Asche sein.« Dort liegen die Särge von Széchenyi und seiner großen Liebe Crescentia Seilern von Aspang, die er nach einer verstrickten Liebesgeschichte (da sie bereits verheiratet war), nach dem Tod ihres Ehemannes und nach über zehn Jahren platonischer Liebe doch noch heiraten konnte. Die Erbauung der Brücke zwischen Buda und Pest wurde im Nachhinein vom Literaten Ferenc Herczeg mit dieser Liebe in Zusammenhang gebracht.

Adresse Széchenyi tér 5, H-9485 Nagycenk, Tel. +36/304471248 | ÖPNV REX bis Sopron, Regionalzug (in Richtung Szentgotthard) bis Nagycenk, 700 Meter zu Fuß zum Friedhof | Anfahrt B 84 bis Nagycenk, durch den Ort, Friedhof gegenüber der Kirche Szent István király templom | Öffnungszeiten täglich außer Mo 9–17 Uhr | Tipp Der Platz Széchenyi tér in Sopron, auf dem auch die Dominikanerkirche steht, ist ein tolles Fotomotiv, mit den beiden Kirchtürmen, einer historischen Uhr und dem Denkmal des ersten Ehrenbürgers der Stadt, Graf István Széchenyi.

63__ Die Fischerei

Frischer Fisch aus der ganzen Welt

Der kleine, blitzsaubere Laden mit den Weinfässern vor der Tür könnte glatt aus der Pariser Innenstadt stammen. Bunte Fliesen, die an andalusische Azulejos erinnern, Stehplätze vor der Tür zum Plaudern und Champagnertrinken und drinnen frische Austern.

Auch Inhaber Christian Pobatschnig-Oldenburg war ursprünglich kälteres Wasser gewöhnt. Geboren in Gmunden am Traunsee, wuchs er im Salzkammergut auf und gelangte über das Studium der Theaterwissenschaft nach Wien. Ausgerechnet bei seinem Zweitjob bei Fisch-Gruber am Wiener Naschmarkt, wo er so richtig in Kontakt mit Saibling, Karpfen und Co. kam, entdeckte er seine Leidenschaft. Beim Verkaufen an einkaufsstarken Wochenenden wuchs die Liebe zum Fisch so sehr, dass er bald auch im Vertrieb mitwirken durfte.

Eine Halb-Dänin aus Tirol verdrehte ihm schließlich den Kopf und lockte ihn ins Burgenland, wo sich die Existenzfrage erneut stellte. Und diesmal war die Entscheidung klar, denn Fisch war zum Lebensmittelpunkt geworden.

Doch die Antworten auf die Frage »Wo kann ich Fisch im Burgenland kaufen?« blieben zunächst spärlich, also entschloss er sich, selbst ein Geschäft zu eröffnen. Im August 2012 war es schließlich so weit. Die Tore der »Fischerei« in Neusiedl öffneten sich. Seitdem arbeitet Christian Pobatschnig-Oldenburg eng mit einem Fischer aus Rust zusammen. Dieser versorgt ihn mit Fischen, die zu 100 Prozent aus dem Neusiedler See stammen, wie Zander, Aale, weißfleischige Welse und Karpfen. Das lokale Fischangebot findet man auf seiner Homepage. Doch die »Fischerei« besticht wie ihr Besitzer auch durch Internationalität: Man bekommt hier Karpfen aus dem Attersee, Alpenkaviar, Seesaibling, Hummer aus südlichen Gefilden, Produkte aus Italien und Portugal, Sushi, Lachs, rote Meerbarben, Ährenfisch, Muscheln, Austern und andere Meeresfrüchte. Dazu beispielsweise Sekt aus der Zurndorfer Sektkellerei A-Nobis auf Eis.

Adresse Die Fischerei – Fischdelikatessen Oldenburg, Christian Pobatschnig-Oldenburg, Obere Hauptstraße 48, A-7100 Neusiedl am See, www.diefischerei.at | **Anfahrt** B 51 nach Neusiedl am See, an der Ampel auf Obere Hauptstraße | **Öffnungszeiten** Mi–Sa 9–13 Uhr, Fr 9–18 Uhr | **Tipp** Ein stimmungsvolles Dessert genießt man bei Marco, dem lustigsten Eisverkäufer von Neusiedl. In Marco's Snack Bar direkt an der Mole, ganz am Ende der See-straße, gibt es das beste Eis der Stadt.

64__ Das Hansagfood
Regionales fast rund um die Uhr

Südöstlich des Neusiedler Sees erstreckt sich der zum größten Teil in Ungarn liegende Hanság. Im 16. Jahrhundert war das Gebiet noch ein Teil des Sees, es wurde jedoch im Laufe der Zeit über mehrere Kanäle entwässert, sodass dort irgendwann kein Fischfang mehr möglich war, dafür war und ist der Boden aber sehr fruchtbar. Er eignet sich hervorragend zum Gemüseanbau, was auch dem pannonischen Klima zu verdanken ist. Hans Goldenits aus Tadten dachte sich, dass es doch schade ist, wenn das hiesige Gemüse nur in den Großhandel gelangt. Und erfand das Konzept der Hansagfood-Hofläden.

Im Prinzip sind das einfache Container, die rund um die Uhr geöffnet sind. Man kauft ein, legt das Gemüse auf die Waage und wirft das Geld in eine Kassa. Schnell wurde das Sortiment um regionale Milchprodukte erweitert, dann kamen Säfte, Weine, Eingelegtes, Eier, Gewürze und regional hergestellte Nudeln dazu. Mittlerweile kann man fast seinen ganzen Einkauf dort tätigen. Und sich sicher sein, dass die Produkte zu 100 Prozent aus der heimischen Erde stammen. Sechsmal pro Woche wird der Laden beliefert. Gemüse, das beispielsweise schon angestoßen ist und nicht mehr regulär verkauft werden kann, landet in einer »Hamsterkiste«, aus der man sich gegen eine freie Spende bedienen kann, um es beispielsweise einzukochen oder als Tierfutter zu verwenden.

Kürzlich wurden die Kassen durch Bankomatzahlung erweitert. Die Kunden sind erstaunlich ehrlich und erledigen gleichzeitig die Rolle des Store Managers, indem sie sich gegenseitig helfen, obwohl jeder Laden vor Ort von einer Person betreut wird. Wer sich mit der Waage nicht auskennt, dem wird schnell geholfen. Zudem wird auf dem Bildschirm alles benutzerfreundlich erklärt.

Neun Hofläden gibt es bislang, in Eisenstadt, Neusiedl am See, Hornstein, Fischamend, Schwechat, Bruck an der Leitha, Pöttelsdorf, Purbach – Tendenz steigend!

Adresse Untere Hauptstraße 90, A-7100 Neusiedl am See, Tel. 0660/1361746, www.hansagfood.at | **Anfahrt** B 51 bis Neusiedl am See, im Ort auf Obere Hauptstraße, dann auf Untere Hauptstraße, nach Abzweigung zum See Filiale auf der rechten Seite | **Öffnungszeiten** Mo–Sa 9–19 Uhr | **Tipp** Frisch und knackig verkocht wird regionales Gemüse auch im Gasthaus Altes Brauhaus in Frauenkirchen (Kirchenplatz 27).

65 Der Kalvarienberg

Fast wie in Griechenland

Wenn am Abend die Sonne hinter dem Kreuz und der Bergkapelle untergeht, wähnt man sich auf den Kykladen. Aber man muss schon auch ganz hinaufspazieren, bis zur Picknickbank. Hoch über dem Kreuzweg und der neogotischen Kalvarienbergkapelle sieht man dann bis nach Bratislava und Sopron, über die Doppeltürme der Basilika von Frauenkirchen, die aus der Ebene emporragen, während die Sonne über dem Leithagebirge untergeht. Wenn dann auch noch der Trockenrasen vor Insekten summt und brummt, Schafe weiden und der Glockenturm der Kapelle im Sonnenuntergang leuchtet – nach windigen Tagen fast violett –, dann ist der Ort geradezu magisch.

Als »Kalvarienberg« bezeichnet man eine lebensgroße Nachbildung des Leidensweges Jesu. »Calvariae locus« bedeutet wörtlich übersetzt »des Schädels Ort«. Die Figuren dieses Kreuzweges wurden 1870 von dem Neusiedler Steinmetzmeister Jakob Schaffrian und dessen Schwiegersohn geschaffen. Der Weg beginnt beim Park am Ende der Kalvarienbergstraße. Zwölf neogotische Bildstöcke mit Reliefs säumen ihn. Zwischen dem sechsten und dem siebten Bildstock befindet sich eine Gedenktafel, die an den ehemaligen Südostwall (siehe Ort 8) erinnern soll, der dort verlief und Zigtausende Zwangsarbeiter das Leben kostete. Von dort verläuft der Weg steil bergauf zur 1872 erbauten Kapelle.

Die 13. Station befindet sich ostseitig in einer Nische der Kapelle. Man schätzte diesen Ort anscheinend bereits um 2700 vor Christus. Auf dem Hügelplateau in 160 Meter Höhe, das geomorphologisch zur Parndorfer Platte gehört, fand man 1943 beim Bau einer Flakstellung im Krieg zufällig ein Hügelgrab aus der frühen Bronzezeit mit einem Skelett und zwei Schmuckstücken, nämlich Spiralen aus Gold. Ein Indiz dafür, dass es sich um das Skelett einer reichen Frau handelt, die Ohrringe zählen zum ältesten Goldschmuck Österreichs. Die Grabbeigaben kann man im Landesmuseum Eisenstadt bewundern.

Adresse Triftgasse 1, A-7100 Neusiedl am See | **Anfahrt** B 51 bis Neusiedl am See, über Kalvarienbergstraße zur Triftgasse | **Öffnungszeiten** rund um die Uhr | **Tipp** Ein mystischer Ort am Rand der Parndorfer Platte ist die Ruine »Am Tabor«. Von dort hat man einen schönen Blick auf den Kalvarienberg und den Neusiedler See.

66__Das Relax in the City
Ein Besuch in Klein-Thailand

Hat man die schmale Leiter im Hinterhof des Hauses am Haupt-platz 47 erklommen und die Brücke über den Hof überquert, gelangt man an einen Ort der absoluten Entspannung – ins »Relax in the City«.

Haben Sie schon einmal eine echte Thai-Massage ausprobiert? Da mit dieser Bezeichnung bei uns viel Schindluder getrieben wird, genießt sie in unseren Breiten manchmal einen etwas zweifelhaften Ruf. Dabei wird diese alte Technik, bei der das Gewebe massiert und Bänder, Sehnen und Gelenke gedehnt werden, in östlichen Ländern als wichtiger Teil der Gesundheitsvorsorge betrachtet. Bei der Original-Thai-Massage wird der gesamte Körper entlang der wichtigsten Meridiane intensiv behandelt, die Elastizität wird erhöht, was zu einer tiefen Entspannung führt. In Thailand wird eine Thai-Massage als »heilsame Berührung« gesehen und »passi-ves Yoga« genannt.

Traditionellerweise wird die Massage am Boden auf einer Matte durchgeführt. Damit man sich dabei nicht die Nase platt drückt, bekommt man mehrere gerollte Handtücher. Man liegt sogar beque-mer als auf herkömmlichen Massageliegen. Die Masseurin kann so ihr Körpergewicht einsetzen, um einen stärkeren Druck auszuüben. Vor dem Fenster rauscht der Neusiedler Verkehr ganz leise wie Wel-len am Strand. Man kann auch eine Paar-Massage buchen und dafür auf der komfortablen, extrabreiten Liege Platz nehmen.

Die Thai-Massage wird im Original nicht mit Öl durchgeführt. Im »Relax in the City« wird jedoch auf Wunsch die »europäische Methode« angewandt, ein Mix aus Thai-Massage und einer Nacken-Schultern-Massage. Da viele Verspannungen unserem Bewegungs-mangel geschuldet sind, steht auf der Homepage: »Besonders geeignet für Büro-Hengste«. Auch wenn Sie sich beim Radfahren rund um den See übernommen haben, werden Sie hier wieder »geradege-rückt«. Trauen Sie sich ruhig, Sie sind hier in achtsamen Händen!

Adresse Hauptplatz 47, A-7100 Neusiedl am See, Tel. 0680/5078155, www.relax-city.at |
Anfahrt A 4, Abfahrt Neusiedl am See, B 50 und B 51, bei der Bezirkshauptmannschaft
links abbiegen auf Hauptstraße, kurz vor der Pestsäule | **Öffnungszeiten** Mo–Do und
Sa 10–19 Uhr, Fr 10–20 Uhr, nach telefonischer Vereinbarung | **Tipp** Thailändisch essen
kann man am Neusiedler See natürlich auch, nämlich im »Little Bangkok« (Neusiedler-
straße 25) in Purbach.

67__ Der Friedhof Kleylehof und Alt-Saida

Eine Reise in vergangene Zeiten

Es ist ein magischer Ort, der auf Karten gar nicht verzeichnet ist, man muss ihn also gezielt suchen. Zu leicht übersieht man das Wäldchen inmitten der weiten Felder ganz in der Nähe der Staatsgrenze. Nur eine kleine Blechtafel mit der Aufschrift »Angelegt 1862 – letztes Begräbnis 21.12.1956 – unseren Verstorbenen zum Gedenken« weist auf die Existenz eines Friedhofs hin.

Diesen erreicht man, wenn man dem Weg ins Gebüsch folgt. An Sommertagen ist dies ein kühler und tröstlich-verwunschener Ort. Halb verwitterte Steinkreuze ruhen unter orangefarbenen Lilien. Es ist offensichtlich, dass sich immer noch jemand um vereinzelte Grabstätten kümmert.

In der Mitte des 19. Jahrhunderts war der ländliche Raum in der Umgebung von Neusiedl durch große Meierhöfe geprägt. Auf diesen gab es ein geschlossenes Sozialsystem. Sie besaßen also beispielsweise eigene Schulen oder einen eigenen Friedhof. Auch der Kleylehof, von dem heute nur noch ein paar Häuser übrig sind, war ein solcher Gutshof. Er wurde erstmals 1872 erwähnt. Namensgeber war Carl Ritter von Kleyle, Administrator der umgebenden Herrschaft Ungarisch-Altenburg, die im Besitz von Erzherzog Albrecht war. Der Alt-Saidahof war die Arbeiterkolonie für den Kleylehof. Der Name bezieht sich auf die Stadt Saida (arabisch für Sidon) im heutigen Libanon, wo Erzherzog Friedrich, der Bruder von Erzherzog Albrecht, 1838 für die kaiserliche Flotte einen Sieg gegen syrische Seeräuber erringen konnte. Der Name des Hofes wurde um 1900 auf »Alt-Saida« erweitert. Der Hof lag etwa einen Kilometer östlich des Kleylehofs, wo die Bewohner hauptsächlich von Viehzucht und Maisanbau lebten. Bildhauer, Maler und Steinmetz Franz Gyolcs hat den abgeschiedenen Kleylehof vor 20 Jahren zu seinem Zuhause gemacht.

Adresse Friedhof Kleylehof und Alt-Saida, A-2425 Nickelsdorf | **Anfahrt** A 4, Abfahrt Nickelsdorf, dann rechts abbiegen und auf Asphaltstraße bis Kleylehof, dort links und 1,5 Kilometer geradeaus, beim Wasserwerk rechts, nach 500 Metern Eingang und Schild rechter Hand | **Öffnungszeiten** rund um die Uhr | **Tipp** Der Iron-Curtain-Radweg führt am Kleylehof vorbei bis nach Albertkázmérzpuszta (siehe Ort 1) oder auch nach Kittsee nahe der slowakischen Grenze, wo es eine herrliche Schokoladenfabrik gibt (Industriestraße 1, www.chocolate-austria.com).

68_Der Hölzelstein

Klettern am Kraftplatz

Es ist ein wahrlich steiler Zahn, der da in die Höhe ragt. Nähert man sich ihm über den Feldweg und die Heidelandschaft, die an die Weinberge grenzt, wirkt er wie ein Relikt aus dem Weltall, das zufällig in das flache Land gefallen ist. Die etwa 10 mal 60 Meter große Spitze einer Klippe aus tertiärem Kalk ragt mit einem auffälligen Überhang fünf Meter in die Höhe, und es steckt sogar ein Mauerhaken darin. Man befindet sich hier zwar nur in 157 Meter Höhe, circa 40 Meter über dem Seewasserspiegel, kann aber am niedrigsten Kletterberg Österreichs durchaus klettern gehen. Immerhin beträgt die Schwierigkeitsstufe des Überhangs ungefähr sieben, und auf einem Selfie erkennt ja niemand, dass der Kletterberg selbst nur wenige Meter hoch ist.

Vor rund zweieinhalb Millionen Jahren, am Ende des Tertiärs, lag dieses Riff der Ruster Vorberge weit unter dem Meeresspiegel des damaligen Urmeeres. Wie so oft bei eigentümlichen Naturdenkmälern wurden auch hier Legenden gesponnen, und so sollen an diesem Felsen auch Hexen Kirtag gefeiert haben. Eine davon war angeblich mit einem lokalen Wirt liiert und konnte sich in eine Ziege verwandeln. Heutzutage essen maximal ein paar Wanderer an seinem Fuß ihr Brot und blicken auf den Neusiedler See und über diesen hinweg, denn von hier aus sieht man bis zur Basilika in Frauenkirchen. Mit etwas Glück huscht eine Smaragdeidechse über die Steine.

Vielleicht war es der markante Ausblick, der diesen Platz auch für frühere Kulturen interessant machte. Schließlich wurden hier Waffen und Schmuck aus der Bronzezeit (2000 bis 800 vor Christus) gefunden. Bei hohen Wasserständen des Neusiedler Sees wurden solche Kuppen als Bestattungsplätze genutzt. Während der Römerzeit soll hier auch Stein gebrochen worden sein, wie Werkzeug- und Münzenfunde belegen. Ein Kraftplatz ist er nach wie vor, vor allem im goldenen Abendsonnenschein – probieren Sie es aus!

Adresse A-7063 Oggau am Neusiedler See | **Anfahrt** B 50 bis Donnerskirchen und bis zum Kreisverkehr Richtung Schützen, dort auf Oggauer Landesstraße abbiegen, nach zwei Kilometern rechts auf Schützener Landesstraße Richtung Schützen, nach 200 Metern links in Feldweg und zum Fuß des Hölzelsteins | **Öffnungszeiten** rund um die Uhr | **Tipp** Im Restaurant Südwindschenke direkt vor dem Oggauer Campingplatz am Ende der Seegasse gibt es köstliche und günstige Wochenmenüs mit ungarischem Charme für hungrige Radfahrer.

69__Das Marias Marina
Auf eine Paella in den Yachthafen

Um sich wie im Urlaub zu fühlen, muss man manchmal gar nicht weit fahren, es reicht eine Fahrt nach Oggau. Schon auf der Zufahrtsstraße wird klar, wer hier das Sagen hat: Enten. Ihnen begegnet man hier oft, sie überqueren sehr gern im Gänsemarsch die Straße. Auf sie Rücksicht zu nehmen, gemahnt sogar ein eigenes Hinweisschild. Ein abgestelltes Segelboot weist einem den Weg zum Hafen und zur Taverne Marias Marina. Diese ist nach der Besitzerin Marie-Luis Butterfly benannt. Hier erinnert alles an den Glanz alter Schiffe. Viele Teile der Einrichtung stammen auch tatsächlich von Schiffen: die Taue unter der Bar beziehungsweise den Barhockern beispielsweise oder auch das Holz der Vorhangleisten. Auf der Terrasse sitzt man mit dem Klirren der Wimpel und Segel im Ohr. Im Hintergrund wird hie und da eine Yacht aufs Wasser gehoben – mit einer Krananlage, die zu den größten am See gehört und die bis zu 6,5 Tonnen locker bewältigen kann. Im Hafen Oggau stehen auf vier Hafenbecken verteilt über 200 Liegeplätze für Segelboote zur Verfügung. Und wer kein Segelboot hat, genießt Ćevapčići nach Monas Rezept und stellt sich auf der Terrasse sitzend einfach vor, dass er eines hätte.

Die Speisekarte ist international. Man kann Paella Valenciana essen wie in Spanien, überbackenen Schafkäse wie in Griechenland, Ćevapčići wie in Kroatien oder Spaghetti wie in Italien. Daneben gibt es ganz Regionales, Zander aus dem Neusiedler See, Pörkölt aus Ungarn oder auch eine Straußen-Eierspeise von der benachbarten Straußenfarm Wimmer (siehe Ort 70).

Hier endet der Massentourismus, und man fühlt sich ein bisschen wie am Ende der Welt. Dies liegt auch daran, dass Oggau keinen Badeplatz, sondern nur den Yachthafen hat. Hierher kommen also vor allem die echten Aficionados. Und deshalb atmet dieser Hafen von April bis September eine ganz besonders zauberhafte Atmosphäre.

Adresse Am Hafen, A-7063 Oggau am Neusiedler See, www.mariasmarina.at |
Anfahrt B 50, am Kreisverkehr bei Schützen den Wegweisern Richtung Opernfestspiele
Rust / Mörbisch folgen, Oggauer Landesstraße bis Oggau, weiter auf Sebastianstraße
und Hauptstraße, bei Weingut MAD links und 2. Straße rechts in Seegasse, dieser bis
Schwimmbad Oggau folgen, von dort 700 Meter zum Hafen | **Öffnungszeiten** siehe
Homepage | **Tipp** Natürlich kann man im Sommer auch in Oggau hervorragend baden:
Im Freibad steht Schwimmern ein 50-Meter-Becken mit Sprungturm zur Verfügung,
Kindern eine Wasserrutsche.

70 Die Straußenfarm Wimmer

Auf großem Fuß

Man sieht sie schon von Weitem in der flachen Landschaft stehen: die Strauße vom Weingut und der Bio-Straußenfarm Wimmer in Oggau am Neusiedler See. Wer die mächtigen Vögel noch nie aus der Nähe gesehen hat, wird sich wundern, wie groß sie sind, sie erreichen eine Höhe von bis zu drei Metern, inklusive des dünnen und unglaublich beweglichen Halses.

Der Großonkel der jetzigen Besitzer wollte gemeinsam mit Kollegen 1993 eine Straußenfarm gründen. Er hatte seine Liebe zu den großen Laufvögeln entdeckt, und aus einem Spaß wurde schnell Ernst – er verwirklichte 1994 seine Idee. Das Brüderpaar Thomas und Florian Wimmer war von klein auf begeistert von den exotischen Vögeln, Florian führt seit 2014 die Farm, Thomas das Weingut. Mittlerweile zieren die Strauße auch die Weinetiketten des Weinguts.

Strauße können bis zu 70 Jahre alt werden. Engelbert ist der älteste Hahn, gehört aber mit seinen 26 Jahren noch lange nicht zum alten Eisen. Die acht Hennen sind zum Teil für die Zucht oder für die Straußenei-Produktion zuständig. Ein Straußenei bringt bis zu eineinhalb Kilo auf die Waage, dies entspricht dem Gewicht von 26 bis 28 Hühnereiern.

Auf Wimmers Straußenfarm können sich die exotischen Tiere das ganze Jahr über frei bewegen und den Auslauf genießen. Der Betrieb ist biozertifiziert und somit die erste Straußenfarm Österreichs mit dieser Auszeichnung. Straußenfleisch ist übrigens besonders gesund, da es sehr mager ist, und ähnelt vom Geschmack her nicht Hühnerfleisch, sondern eher Rind. Es findet mittlerweile zahlreiche Abnehmer. Weil möglichst das ganze Tier verarbeitet wird, kann man auf der Straußenfarm Wimmer neben Straußeneiern nicht nur Straußenfleisch, sondern auch Straußenfedern und Straußenleder erwerben. Auch für Kinder ist ein Besuch ein Erlebnis.

Adresse Weingut und Straußenfarm Wimmer, Hauptstraße 43 – 45, A-7063 Oggau am Neusiedler See, www.weingut-wimmer.com | **Anfahrt** B 50, am Kreisverkehr bei Schützen den Wegweisern Richtung Opernfestspiele Rust / Mörbisch folgen, Oggauer Landesstraße bis Oggau und weiter in Sebastianstraße und Hauptstraße | **Öffnungszeiten** Besuch nach Vereinbarung, auch Onlineshop | **Tipp** Folgt man der Hauptstraße bis zur Nummer 52 bergaufwärts, erreicht man die Weinlaubenkuppel, die als »Ort der Freude« einen besonders schönen Rastplatz mit einem spektakulären Blick auf den Neusiedler See darstellt.

71_Die Balasn

Eine typisch burgenländische Süßspeise

Ein typisches Gericht in einigen Gemeinden des Bezirkes Neusiedl am See sind die »Balasn«. Diese Süßspeise kommt in Apetlon, Illmitz und Pamhagen auf den Tisch. Es sind mit Apfel und Zimt gefüllte Teigtaschen, die schwimmend herausgebacken und mit Staubzucker bestreut werden. Balasn werden traditionellerweise im Winter gebacken, solange es gelagerte Äpfel gibt. Der Name stammt vermutlich von »palást«, einem eingedeutschten ungarischen Wort für »Mantel«. Früher und auch heute noch wird in manchen Orten »geramftlt«, das heißt, dass der Teig mit den Fingern in Rüschen gelegt und dann verschlossen wird. Das ist aber sehr viel Arbeit, sodass heutzutage oft »geradelt« wird. Dabei werden die Ränder mit Hilfe eines Teigrads verschlossen.

Der Redakteurin und angeheirateten Tochter eines Apetloner Bauern Charlotte Titz wurde zum Beispiel als »Nicht-Apetlonerin« vom »Ranftln« abgeraten, weil man das als Außenstehende nicht erlernen könne. Sie bewies ihrer Familie, dass sie es sehr wohl konnte.

Wer die Köstlichkeit ausprobieren möchte, kann dies beispielsweise im Grenzlandhof Leyrer in Pamhagen. Von der großen Sonnenterrasse aus sieht man die große Wiese in der Mitte des Dorfes, welche »Anger« genannt wird. Der Anger hier ist eine typisch burgenländische Besonderheit: In Angerdörfern sind die Vorderseiten der Häuser zum Anger ausgerichtet, auf dem früher die Tiere weideten, wo es einen Dorfteich gab oder ein Bach durchfloss, was überhaupt oftmals der Grund für die Errichtung der Ortschaft war. Stallungen und Scheunen lagen an der Rückseite der Grundstücke (in Österreich »Hintaus« genannt). Früher waren die Wirtschaftsgebäude oft durch einen Wirtschaftsweg miteinander verbunden, der in einem äußeren Ring um das Dorf herumführte.

Der größte Anger Europas befindet sich übrigens im auf der anderen Seite des Leithagebirges gelegenen Wallfahrtsort Loretto. Dort sitzt man im Gasthof Graf ebenfalls am Anger gegenüber der denkmalgeschützten Basilika.

Adresse Grenzlandhof Leyrer, Marktplatz 24, A-7152 Pamhagen, Tel. 02174/2121 | **Anfahrt** B 51 bis Pamhagen, Gasthaus in der Ortsmitte | **Öffnungszeiten** Mi–Mo bis 24 Uhr, Di Ruhetag, So kleinere Speisekarte | **Tipp** Für den Erwerb von Fleischspezialitäten ist die Fleischerei Karlo in der Rosengasse 1 sehr zu empfehlen. Der »Karlo« ist einer der wenigen Betriebe in der Gegend, die noch selbst schlachten.

72 Der Biohof Leyrer
Mehr als nur Reis

Dass Reis nur auf Terrassen in Asien angebaut wird, stimmt nicht. Auch ein kreativer Biobauer aus dem Seewinkel hat diese Kulturpflanze für sich entdeckt.

Die Reispflanze gehört zu den einjährigen Gräserarten und muss deshalb nach jeder Saison neu gepflanzt werden. Jede Pflanze trägt eine schmale Rispe, in der die Reiskörner enthalten sind. Wird Reis im Wasser stehend angebaut, hat dies den Vorteil, dass die Reispflanze im Gegensatz zum Unkraut das Wasser durchdringt. Das macht man sich auch bei den klassischen asiatischen Reisterrassen zunutze: Idealerweise fließt auf der Hügelkuppe ein Fluss, dessen Wasser die Terrassen entlang hinuntertropft.

Der Trockenreisanbau, wie er im Seewinkel stattfindet, ist etwas schwieriger. Mehrmals in der Saison muss Erich Leyrer durch die Reihen seiner zwei Hektar großen Reisfelder gehen und das Unkraut in der Reihe händisch entfernen. Die von ihm verwendeten Sorten benötigen nur rund 200 Tage, bis sie reif sind. Das ist wichtig, da Reis ein Sonnenliebhaber ist. Mittlerweile hat sich schon ein bestimmter »Leyrer-Reis« herauszüchten lassen, der besonders gut zum Boden passt.

Das Reiskorn besteht aus einem Keimling, einem sogenannten Silberhäutchen und der Deckspelze. Diese wird bei der Verarbeitung von Reis als Erste entfernt. Vollkornsorten haben ihr Silberhäutchen noch und sind deshalb besonders reich an Mineralien und Nährstoffen. Weißer Reis wird nach der Ernte, die mit einem normalen Mähdrescher erfolgt, noch geschält und poliert. Die Maschine dafür hat sich Erich Leyrer extra aus China liefern lassen. Um die 500 Kilogramm – sein Ziel sind 1.000 Kilogramm pro Hektar – erntet er zur Zeit im Jahr. Für alle, die keinen Reis mögen, hat der innovative Jungbauer noch eine Spezialität auf Lager: eine Gesichtscreme und eine Bodylotion aus Einlegegurken. Aber auch erstklassiges Saatgut kann man am Biohof erstehen.

Adresse Erich Leyrer junior, Hausgärten 20, A-7152 Pamhagen, Tel. 0664/6148412, www.biohof-leyrer.at | **Anfahrt** B 51 bis Pamhagen, Raiffeisenstraße, dann auf Pamhagen-Ortsried | **Öffnungszeiten** nach Vereinbarung, Onlineshop rund um die Uhr | **Tipp** Auch in der St. Martins Therme werden Sie mit Leyrer-Reis verköstigt. Die Therme besitzt übrigens auch einen großen Süßwasser-Badesee, in dem man super schwimmen kann (www.stmartins.at).

73__Die Fischzucht Jungwirth

Ganzjährig fangfrischer Karpfen

Als Robert Jungwirth 2017 die Teiche in Apetlon sah, wusste er, dass er sich hier seinen Lebenstraum erfüllen würde. Dabei war er in der Fischzucht eigentlich Quereinsteiger, hat als Maurer in Afrika und Saudi-Arabien gearbeitet und eine Firma mit Infrarotheizungen aufgebaut. Aber irgendwie war das noch nicht das Richtige. Im Seewinkel fand er schließlich seine Bestimmung.

Zuerst liebäugelte er mit der Edelkrebszucht, diese ist jedoch noch im Aufbau. In den acht Teichen werden derzeit Karpfen gezüchtet, sowohl die allesfressenden Spiegel- und Schuppenkarpfen, die sich von Getreide, Krebsen, Schnecken oder Würmern ernähren, als auch die pflanzenfressenden Amurkarpfen. Der Hofladen, das Büro und somit das »Hirn« der Edelkrebszucht Jungwirth befinden sich zwar in Pamhagen, die Teiche jedoch in Apetlon. Und die sind durchaus sehenswert. Aber wie gelangen die Fische von Teich zu Teich? Dafür gibt es die »Fischrutsche«, ein spezielles Rohr, in das die Fische hinein- und aus dem sie im anderen Teich wohlbehalten wieder herausschwimmen. Einen Rasenmäher für die Uferbereiche braucht Jungwirth nicht – das Rasenmähen übernimmt eine Herde Zackelschafe.

»Meine Hauptabnehmer waren zunächst Asiarestaurants und Asiamärkte in Wien«, schildert Jungwirth. »Das ist dann in der Zeit des Coronavirus komplett eingebrochen, was aber wiederum auch etwas Gutes hatte. Wir haben den Hofladen in Pamhagen eröffnet, in dem man frischen Fisch genauso bekommt wie Räucherfisch. Seit Neuestem haben wir auch verschiedene Fischaufstriche und Seewinkler Karpfenbissen im Sortiment«, so Jungwirth.

Außerdem warten Fischsülzchen, Karpfenmilch und Karpfenroggen auf Fischliebhaber. Auch das »Suppenpaket« verkauft sich gut. Man kann auch online bestellen, Jungwirth liefert immer donnerstags, übrigens auch lebenden Fisch in einem eigenen Transportbecken. Bei ihm gibt es Karpfen also nicht nur zu Weihnachten!

Adresse Fisch- und Edelkrebszucht Robert Jungwirth, Gartenviertel 5, A-7152 Pamhagen, Tel. 0680/1327488, www.karpfen-shop.at | **Anfahrt** B 51 bis Pamhagen, beim Gemeinde-amt auf Hauptstraße abbiegen, nach 400 Metern links auf »Pamhagen-Hauswiesen«, dann 1. Straße rechts auf »Gartenviertel« | **Öffnungszeiten** Do 16–18.30 Uhr und Sa 9–12 Uhr | **Tipp** Eine Fischart hat Jungwirth nicht im Sortiment: Zander. Den bekommt man bei See-winkler Zander – Fischzucht Müllner (Gemüseweg, www.seewinkler-zander.at).

74__Der Steppentierpark
Ich glaub, mich tritt ein Känguru!

Im Seewinkel erwartet man Störche oder Großtrappen, aber sicher keine Bären. Doch es gibt sie dort auch, und zwar im Steppentierpark Pamhagen. Dieser wurde 1975 gegründet. Auf einer Fläche von 13 Hektar leben rund 50 teils vom Aussterben bedrohte Tierarten: ungarische Zackelschafe mit ihren gedrehten Hörnern, prächtige Pfaue, Wollschweine, die sich im Schlamm suhlen, Greifvögel, Wölfe, Luchse, Eulen und sogar Kängurus. Ein eigenes Waldstück ist für Wildschweine reserviert, es gibt Goldschakale zu bewundern, und seit 2018 hüpfen putzige Erdmännchen aus ihrem Bau.

An heißen Sommertagen ist der schattige Tierpark mit seinem wildromantischen Rundweg wie eine Oase inmitten der Hitze der Seewinkler Felder und ein perfektes Ausflugsziel für die ganze Familie. Auch Hunde dürfen an der Leine mitgeführt werden. Ein Ausflug in den Steppentierpark lohnt sich aber auch im Frühling oder Herbst, und anders als bei einer Safari muss man hier nicht lange warten, bis die scheuen Tiere sich zeigen.

Gleich beim Eingang befindet sich ein Bistro, das guten Kaffee, kühle Getränke und auch kleine warme Speisen anbietet. Man kann also durchaus einen ganzen Tag hier verbringen. Direkt gegenüber dem Bistro gibt es einen schönen, sehr übersichtlichen Spielplatz.

Die Tiere dürfen übrigens im Gegensatz zu vielen anderen Tierparks auch gefüttert werden. Allerdings bitte nur mit dem Futter, das man bei der Kassa kaufen kann. Und sollten Sie sich rettungslos in eines der Tiere verliebt haben, können Sie hier auch für ein Jahr Pate werden. Als Tierpate erhalten Sie eine Urkunde, zwei Tageseintrittskarten für den Tierpark und auf Wunsch eine namentliche Nennung auf der Tafel am Gehege. Die Patenschaft unterstützt eine Tiergruppe und wird ausschließlich für Futter- und Tierarztkosten sowie für die Um- und Neugestaltung der Gehege verwendet. Solch eine Patenschaft kann man übrigens auch verschenken, falls das eigene Känguru im Garten dann doch eher unrealistisch ist.

Adresse A-7152 Pamhagen, Tel. 02174/2489, www.steppentierpark.at | **Anfahrt** B 51 bis Wallern, beim Bahnhof auf L 205 Apetloner Straße abbiegen, nach einem Kilometer auf Güterweg Pamhagen-Hutweide, 3. Straße rechts und nochmals rechts | **Öffnungszeiten** 28. Sept.–Ende März 10–17 Uhr, April–27. Sept. 9–18 Uhr, bei Schlechtwetter siehe Homepage | **Tipp** Nur 200 Meter von der Kreuzung in Wallern entfernt, an der Bahnstraße 66, befindet sich das Reich von Günter Fink, das Bio-Weingut und die Essig- und Ölmanufaktur. Der zwölf Jahre gereifte Essig aus der Trockenbeerenauslese ist eine Spezialität.

75___Der Türkenturm

Das kleinste Museum des Burgenlandes

Direkt an der Hauptstraße, vor der Hausnummer 60, befindet sich das kleinste Museum des Burgenlandes – der »Türkenturm von Pamhagen«, auch »Glockenturm« genannt. Um seine Entstehung ranken sich einige Legenden: Laut einer mündlichen Überlieferung überfiel eine Streifschar von türkischen Soldaten auf dem Weg zur Zweiten Wiener Belagerung im 17. Jahrhundert auch Pamhagen, und der Turm wurde schließlich als äußeres Zeichen der Unterwerfung errichtet. Wer genau hinschaut, erkennt den türkischen Halbmond an dessen Spitze. Der Turm sollte ein öffentlicher Beweis dafür sein, dass sich die Bevölkerung dem muslimischen Glauben unterworfen habe. Dadurch sollte das Dorf von weiteren Angriffen verschont bleiben.

Eine andere Quelle besagt, dass der Turm aus dem Material einer abgebrannten Kirche erbaut worden sein und als Wehrturm gedient haben soll. Andere Unterlagen berichten, dass der Turm gebaut wurde, um die Pfarrkinder an die Messe zu erinnern, da sich der damalige Kirchturm – ein wie in Italien verbreiteter frei stehender Campanile – einen Kilometer außerhalb des Dorfes befand.

Fest steht, dass der Türkenturm lange nicht genutzt und 2017 neu restauriert wurde. Seitdem präsentiert er sich als kleinstes Museum des Burgenlandes und wurde mit modernen Bild- und Licht-Installationen ausgestattet.

Der Turm ist zehn Meter hoch, hat eine quadratische Grundfläche von 2,90 mal 2,90 Metern und eine sechsseitige Pyramide als Turmspitze. Darauf wurde die auf einer eisernen Fahnenstange von circa einem Meter Höhe montierte, mit dem Namen »Mosco Pascha« und der Jahreszahl »1683« versehene Fahne des Propheten mit Halbmond, Stern und Rossschweif angebracht. Im Inneren des Turms erfahren Interessierte alles Wissenswerte über die Zeit der Türkenbelagerung, die das Burgenland so geprägt hat, aber auch über die Natur der Umgebung und die Geschichte des Ortes in der Neuzeit.

Adresse Hauptstraße 60, A-7152 Pamhagen | **Anfahrt** B 51 bis Pamhagen, beim Gemeinde-amt auf Hauptstraße abbiegen | **Öffnungszeiten** rund um die Uhr | **Tipp** Schräg gegenüber, in der Hauptstraße 39, befindet sich das Wirtshaus Zum Türkenturm. Hier gibt es ausgezeichnete, etwas deftigere burgenländische Hausmannskost und als Nachspeise auch die berühmten Balasn (siehe Ort 71).

76__Das Keramikatelier
Die ganze Welt aus einem Klumpen Ton

Schon an der Eingangstür begrüßt einen das »Wappentier« der Keramikerin Larissa Lorber: ein modellierter Nautilus, eine Skulptur aus Holz und Keramik, eingearbeitet in eine Holzsäule. Die Meeresschnecke spiegelt auch die größte Inspiration der Keramikerin wider: die vielen Facetten der Natur.

Larissa Lorber schloss 2005 die Fachschule für Keramik und Ofenbau ab, arbeitete von 2006 bis 2008 als Keramikerin und lebte danach drei Jahre lang in Südafrika, bevor sie 2011 ihre eigene Werkstatt gründete. Von Anfang an faszinierte es sie, einem Klumpen Ton Leben einzuhauchen und etwas Neues daraus zu erschaffen.

Die Produktpalette reicht von Gebrauchsgeschirr, also Tellern, Tassen und Krügen, über Statuen, Lampen, Hausnummernschilder und Dekorationsgegenstände bis hin zu filigranen Ohrringen. Sehr oft dabei oder ins Muster verwoben: die Form der Meeresschnecke, die ein Symbol für den Wandel und die Unendlichkeit ist. Den Auftragswerken sind fast keine Grenzen gesetzt. Für eine Kundin bannte Lorber beispielsweise deren Krafttier – eine filigrane Gottesanbeterin – auf eine Tasse. Für eine andere fertigte sie auf Wunsch eine praktische Garnschale zum Stricken mit Löchern für die Stricknadeln an. Auch Kurse in Kleingruppen sowie Einzelunterricht im Töpfern bietet sie an.

Lorbers Atelier ist direkt in das Haus integriert. Glasiert und gebrannt werden die Werke in der Werkstatt auf der anderen Seite des Gartens, wo der Lebensgefährte der Keramikerin Kanus baut. Das sympathische Künstlerpaar veranstaltet einmal im Jahr einen privaten Weihnachtsmarkt bei sich zu Hause. Lorber verfügt über gleich zwei Keramiköfen. Darunter ist ein Profiexemplar mit Schiebeboden und herausnehmbaren Platten, in dem man auch sehr große Stücke brennen kann. In der Werkstatt steht die Töpferscheibe. Das »echte« Töpfern, bei dem man große Gefäße hochzieht, ist Lorbers größte Leidenschaft.

Adresse Lorber Keramik, Maria-Theresien-Park 18, A-7111 Parndorf, Tel. 0699/10520384, www.lorber-keramik.com | **Anfahrt** B 50 bis Parndorf, am Kreisverkehr in der Ortsmitte auf Bahnstraße, dann auf Pionerstraße, 2. Straße links und 1. Straße rechts bis Kreisverkehr beim Maria-Theresien-Park, geradeaus bis zum letzten Haus aus Holz | **Öffnungszeiten** nach telefonischer Vereinbarung: Mo–Fr 10–12 und 17–19 Uhr | **Tipp** Neben dem Atelier und diversen regionalen Märkten bekommt man Lorbers Werke auch in Weiden im »See Shop« (Untere Hauptstraße 31).

77 Der Ziegenhof Liehl

Echte Liebe

Die Erfolgsgeschichte begann mit zwei trächtigen Ziegen unter dem Weihnachtsbaum. Doch nicht nur, denn Ziegen haben sie eigentlich schon seit ihrer Kindheit fasziniert. So sehr, dass sich Monika Liehl, die vorher im Bereich Verkauf und Marketing tätig war, schließlich im Jahr 2009 ihren Lebenstraum erfüllte: Sie renovierte mit ihrem Mann den alten, original erhaltenen pannonischen Streckhof aus Familienbesitz und eröffnete in Parndorf den Ziegenhof »Ziegenliebe«.

Dort züchtet sie Ziegen und stellt Topfen, Frischkäse, Weichkäse und Hartkäse her. Wichtig ist Liehl die Verwendung von melkwarmer, unpasteurisierter Rohmilch. Die tägliche Milchmenge liegt bei ungefähr 60 Kilogramm (in der Milchherstellung spricht man von Kilogramm statt Litern) von derzeit 26 Ziegen. Die Qualität der Milch hängt von deren Haltung und Fütterung ab, aber auch die Zuneigung, die man den Tieren gibt, spielt natürlich eine Rolle.

Vor allem in Mittelmeerländern und besonders in Frankreich hat Ziegenmilch seit jeher einen höheren Stellenwert als bei uns. Besonders gesund macht diese Milch der hohe Gehalt an Linol- und Linolensäure sowie an Kalzium und essenziellen Aminosäuren. Für Laktoseintolerante ist sie zudem leichter verdaulich.

Auf dem Hof werden auch Hofführungen mit Verkostung angeboten. Darüber hinaus kann man in einer der Ferienwohnungen seinen Urlaub verbringen und hautnah das Treiben am Ziegenhof miterleben. Monika Liehl, die den Wert von regionalen Lebensmitteln kennt, hat noch eine Innovation ins Leben gerufen: Jeden ersten Samstag im Monat und von April bis Oktober zusätzlich jeden dritten Samstag im Monat findet auf ihrem Hof der »Markt der Erde« statt, der zum internationalen Netzwerk der Slow Food Earth Markets gehört. Bis zu 30 Anbieter hochwertiger pannonischer Köstlichkeiten versammeln sich hier im und vor dem stimmungsvollen Stadel und bieten ihre handwerklichen Produkte an.

Adresse Friedhofstraße 10, A-7111 Parndorf, Tel. 0699/18980010, www.ziegenliebe.at |
Anfahrt B 50 bis Parndorf, am Kreisverkehr auf Budapester Straße Richtung Norden, links
auf Sportplatzgasse und Friedhofstraße, Eingang zum Markt auf der anderen Seite des
Hofes in der Schulgasse | **Öffnungszeiten** Hofladen: April–Sept. Fr 16–18 Uhr, sonst nach
Vereinbarung | **Tipp** Wer es nicht zum »Markt der Erde« schafft, kommt bei Manufaba in
Frauenkirchen mit Seewinkler Bio-Tofu und anderen Soja-Erzeugnissen auf seine Kosten
(www.manufaba.at).

78 Das Zuckermuseum

Gemeindehaus mit Zuckerguss

Wer früher in Klingenbach über die Grenze nach Ungarn gefahren ist, erinnert sich vielleicht noch an das Ungetüm der Zuckerfabrik in Siegendorf. Der Ödenburger Raum gehörte zu den wichtigsten Regionen für Zuckerrübenanbau in ganz Ungarn. Bis vor wenigen Jahren gab es auch im westungarischen Petőháza eine große Zuckerfabrik.

Vom Glanz vergangener Zeiten zeugt das Zuckermuseum im Gemeindehaus. Bereits im Treppenhaus sieht man historische Abbildungen rund um den uralten Streit, wer auf dem Weltmarkt die Oberhand gewinnt: Zuckerrüben oder Zuckerrohr. Für Letzteres ist es sogar hier am Neusiedler See eine Spur zu kalt, denn unter 15 Grad wächst die Pflanze nicht mehr – im Unterschied zu Zuckerrüben. Diese werden nach der Ernte im Oktober, wenn die Pflanze den höchsten Zuckergehalt hat, gereinigt und zerkleinert, und der Saft wird aus den kleinen Schnitzeln gepresst. Dann wird er eingedickt und kristallisiert. Die fertigen Zuckerkristalle werden in Zentrifugen vom Sirup getrennt.

Die Zuckerrübe ist – dies sollte man seinen Kindern nicht vorenthalten – mit der Roten Rübe und dem Spinat verwandt. Im Museum in Petőháza lernt man mehr über die Zuckergewinnung und bekommt in einem liebevoll drapierten Schrank allerhand Endergebnisse zu sehen – inklusive eines mit »ungewöhnlich« beschrifteten Zuckerschweinchens. Und man erfährt, dass der Cundpald-Kelch, ein bayerischer Messkelch aus dem 8. Jahrhundert, zur Zeit der Awaren und des Beginns der Christianisierung nach Ungarn gelangte und 1879 beim Bau der Petőházer Zuckerfabrik zufällig gefunden wurde. Die Texte der Ausstellung sind auf Ungarisch verfasst, es gibt jedoch deutsche und englische Handouts und Beschreibungen. Insgesamt wirkt alles entzückend »retro«. Um so viel virtuellen Zucker auch wieder abzubauen, kann man nach dem Besuch des Zuckermuseums das Outdoor-Fitnesscenter neben dem Gemeindehaus besuchen oder den »Strand« dahinter; so werden in Ungarn Freibäder genannt.

Adresse Kinizsi Pál utca 51, H-9443 Petőháza, Tel. +36/202323207 | **Anfahrt** B 85 bis
Petőháza, bei der westlichen Ortseinfahrt 1. Straße links auf Kiniszi Pál utca | **Öffnungs-
zeiten** 1. März – 31. Okt. Mi nach telefonischer Vereinbarung | **Tipp** Süßes bekommt man
auch in der Konditorei Cake Land in der Szabadság utca.

79 Der Bio-Archehof

Vielfalt und altes Wissen bewahren

Die Grube war einst ein Ort am Ende des Dorfes, an dem fahrende Völker rasteten, lebten und feierten. Sie befindet sich in der Nähe der Windmühle, eines Wahrzeichens von Podersdorf. Dort liegt der Bio-Archehof »Zur Grube«. Der Großvater der Juniorchefin Larissa Karner hat die Feste noch erlebt. Heute dreht sich auf dem Archehof alles um die Rettung bedrohter Arten – wobei nicht nur Tiere gemeint sind. Er beherbergt von Steirischen Schneckenziegen bis hin zu Zackelschafen auch den weißen Esel August. Die diplomierte Gartenbäuerin Larissa hat sich jedoch auch auf selten gewordene Pflanzen spezialisiert, die die Archehof-Philosophie widerspiegeln, welche die Züchtung von mindestens drei bedrohten Nutztierrassen beinhaltet.

Auch beim Gemüse gibt es Raritäten, die man heutzutage kaum mehr findet. Ein Teil des Gemüses wird frisch im Hofladen verkauft, ein großer Teil wird fermentiert. Diese Variante des Einlegens diente seit der Jungsteinzeit der Haltbarmachung von Lebensmitteln. Mit der Erfindung von Kühlschrank, Konservendosen und Tiefkühltruhen geriet das Wissen um solche Techniken seit den 50er Jahren zunehmend in Vergessenheit.

Auch Marmeladen und Säfte bewahren den Geschmack der Früchte bis in den Winter. Der Archehof ist im Übrigen berühmt für seine Sirupe. Diese werden aus Kräutern vom hauseigenen Garten hergestellt, im Angebot sind Apfelminze, Schokominze, Indianernessel oder auch Verjus. Letzterer wird aus sauren Trauben erzeugt und kann in der Küche für alles verwendet werden, das nach Zitronensaft verlangt. Wer möchte, kann dem liebevoll bestückten Hofladen einen Besuch abstatten, bei einer Hofführung mitmachen oder gleich ein paar Tage auf dem Archehof verbringen.

Dessen Keller ist übrigens ein besonderer Schatz aus Leithakalkstein. Auf einer Inschrift steht: »Ein Schatz, der muss geborgen sein, darum der Keller aus Lorettostein.«

Adresse Mühlstraße 23, A-7141 Podersdorf am See, Tel. 0699/11119003, www.zurgrube.com | **Anfahrt** von A 4 Gols/Weiden kommend Autobahnzubringer bis zum Kreisverkehr nehmen, auf L 205 Richtung Podersdorf, dem Straßenverlauf durch den Ort folgen, in der Seestraße links abbiegen, beim Gasthaus zur Dankbarkeit rechts Richtung Illmitz, Archehof letztes Haus links vor Ortsausfahrt; oder auf L 205 von Illmitz kommend erstes Haus rechts nach Ortseinfahrt | **Öffnungszeiten** täglich 7–22 Uhr | **Tipp** Die besten Marillenknödel bekommt man sommers im Seehotel Herlinde (Strandplatz 17), wo man auch als Tagesgast auf einer herrlichen Terrasse direkt neben der Liegewiese mit Blick auf den See essen kann. Die Küche zeichnet sich durch viel regionales Gemüse aus, es gibt auch herrliche Salate.

80_Das Kürbiskernöl

Das »Schwarze Gold« vom Leuchtturm

2016 begann alles mit dem Satz: »Was die Steirer machen, sollten wir ja besser können!« Und so sprach Weinbauer Johannes Erich Franz Strudler mit seinem Onkel immer öfter über das Lebenselixier der Steiermark – das Kürbiskernöl. Aus Worten wurden Nägel mit Köpfen, und zum Start wurde gleich mal ein ganzer Weingarten gerodet, der aber schon alt war.

Bio und nachhaltig, zwei große Ziele, die neben den hohen Anspruch an Qualität gestellt wurden, und so begann das Prestige-Projekt »Schwarzes Gold«. Durch die sandigen Böden können die Pflanzen zwar meist nur einen Kürbis tragen – das merkt man am Ertrag –, aber die rund 2.000 Sonnenstunden des Seewinkels lassen die Kerne voll reifen, und die Frucht lagert ein sehr aromatisches Öl ein.

Familie Strudler verzichtete von Anfang an auf Spritzmittel und baute ihre Kürbisse im zweiten Jahr offiziell »bio« an, dies wird durch die Austria Bio Garantie jährlich kontrolliert. Dafür muss sie die Felder mit dem Traktor oder auch richtig »oldschool« von Hand mit der »Scherrn« (auch Hacke genannt) vom Unkraut befreien. Die ganze Familie hilft tatkräftig mit, denn allein wird man dem Unkraut nicht Herr. Vor der Ernte wird noch mal händisch selektiert, die angeschlagenen Kürbisse oder jene mit »Sonnenbrand« werden entfernt.

Gepresst wird in der Steiermark. »Das Know-how müssen wir uns noch anlernen«, schmunzelt der Winzer. Das Öl füllt er selbst ab, und er legt großen Wert darauf, alle zwei Monate zu pressen, damit das Öl immer frisch ist – das schmeckt man im Vergleich zu industriellen Produkten. Originell ist auch das Etikett: Nach tagelangem Grübeln schickte ein Freund nach dem Genuss mehrerer Gläser Strudler-Wein ein Foto, auf dem das »Schwarze Gold« aus dem berühmten Wahrzeichen Podersdorfs, dem Leuchtturm, tropft. Die Idee schlug ein und überzeugte nicht nur die Familie: Studlers Öl errang sogar eine Öl-Kaiser-Prämierung!

Adresse Weinbau und Gästehaus Stadler, Seezeile 8, A-7141 Podersdorf am See, Tel. 0699/17168966 | **Anfahrt** S 51, dann See-Landesstraße Richtung Podersdorf folgen, am Ortsanfang auf »Podersdorf-Hofriede-Hölle« abbiegen und geradeaus auf Seezeile | **Öffnungszeiten** nach telefonischer Vereinbarung | **Tipp** Wer zum Salat mit Kürbiskernöl eine Pizza möchte: Die Pizzeria Adriatica des Apuliers Tommy Viterbo aus Weiden beliefert den ganzen Seewinkel (Tel. 02167/40184).

81___Das Strandbad

Wo schon »Mundl« Urlaub machte

Die Fernsehfigur »Mundl«, die in Lignano urlaubte, ist nicht nur Wienern ein Begriff. Ein bisschen wie in Lignano war es hier ja schon immer. Inzwischen geht das Strandbad, das bislang mit dem Charme der 90er bestach, neue Wege. Gemeinsam mit der Gemeinde wurde ein zeitgemäßeres Konzept ausgearbeitet: weg vom herkömmlichen Strandbad und hin zum Erlebnisbad. Dieses sollte in fünf Bereiche eingeteilt werden – Familie, Unterhaltung, Erholung, Wassersport und Outdoor-Fitness. Die neue Abenteuer-Erlebniswelt für Familien erstreckt sich über eine Fläche von fast 18.000 Quadratmetern. Der sensible Umgang mit der Natur stand während der Planung im Mittelpunkt, natürliche Materialien und Bezug zur Region waren wichtig. Vor allem die imposanten Nachbildungen einer Seerose und eines Vogelpaares sorgen für Begeisterung. Die bekletterbaren Holzskulpturen wurden in einem kleinen Familienbetrieb in Fladnitz am Fuß der steirischen Teichalm gezimmert.

Rummelplatz wird es jedenfalls keinen geben. Was dafür beibehalten wird: das für Podersdorf einzigartige und so wertvolle natürliche Ufer, das nicht durch Mauern verbaut und mit feinstem Sand versehen ist.

Seit einigen Jahren wurde auch der Kreisverkehr am See neu gestaltet. Bei den Fahnen steht ein steinernes Objekt, das wie eine Viehtränke aussieht. »Erst als wir es vom Efeu befreit haben, haben wir gesehen, dass es sich um einen römischen Sarkophag handelt«, erzählt Gemeinderat Vinzenz Waba, der die Geschichte auf einer Schautafel aufarbeiten ließ. Bleiben wird auch das »Kaufhaus am See«, eine Institution, in der es regionale Produkte wie den Apfelsaft der Familie Leeb (siehe Ort 102) oder Schafkäse vom Hautzinger (siehe Ort 106) gibt.

Das Strandbad bietet künftig auch Liegen und Outdoor-Flächen für Yoga. Wer Krimis mag, kann sich bei Lake's Escape anmelden. Südlichem Urlaubsflair fast wie an der Adria steht somit nichts mehr im Wege!

Adresse Strandbad, A-7141 Podersdorf am See, www.podersdorfamsee.at | **Anfahrt** S 51, dann See-Landesstraße Richtung Podersdorf folgen, am Ortsanfang auf »Podersdorf-Hofriede-Hölle« abbiegen und zum Nordstrand | **Öffnungszeiten** rund um die Uhr, März–Okt. tagsüber mit Eintritt, abends und mit Neusiedler See Card gratis | **Tipp** Wussten Sie, dass der Wein »Wellentänzer« vom Weingut Fabian Sloboda (Alter Satz 1) von November bis April im Neusiedler See lagert? Gleich neben dem Leuchtturm kann man in diesen Monaten das versenkte Fass mit der Ballerina erspähen.

82__ Tschisti's Saftladen

On the highway to hell …

Wer im Sommer mit seinem Drahtesel einen Ausritt nach »Hölle« wagt, kann dort schon ordentlich durstig werden. Der Ortsteil zwischen Podersdorf und Illmitz heißt wirklich so. Das mag nicht nur daran liegen, dass es dort richtig heiß werden kann. Und auch nicht an dem geraden Wegstück, das trotz einiger am Weg liegender Überraschungen wie einem Gehege mit Mangalitzaschweinen, grasenden schwarzen Angusrindern oder einem schönen Aussichtsturm für jüngere Teilnehmer anstrengend werden kann. Wahrscheinlich kommt der Name aus dem Mittelhochdeutschen, wo »Helja« ein »Gebiet weit außerhalb des Dorfes« bedeutet. Da kommen einem ein paar erfrischende Stationen gerade recht. So wie zum Beispiel Tschisti's Saftladen direkt am Radweg B 10 zwischen Podersdorf und Illmitz.

Hier sitzt man mitten im Weingarten. Zwischen Obstbäumen, Weinreben und neben der Weide der Kamerunschafe kann man in Ruhe sein Fahrrad abstellen, auf gemütlichen Holzbänken Platz nehmen und einen der besten »Spritzer« der Umgebung genießen.

Es gibt gleich sechs verschiedene frisch gepresste Sorten Apfelsaft, weißen und roten Traubensaft und dazu gute belegte Brote wie Schmalzbrot vom Mangalitzaschwein mit Gurkerl. Freunde des einfachen Genusses freuen sich über ein Butterbrot. Ab 2021 sind auch Eis am Stiel, riesige Brezen, Kuchen und – das ist eine echte Neuigkeit – Kaffee im Angebot.

Wenn man Glück hat, sind gerade die Grammelpogatscherln fertig geworden. Das sind salzige Gebäckstücke mit oder ohne »Grammeln«, gebratenen Speckwürfeln. In diesem Teil von Österreich sowie in Ungarn sind sie sehr beliebt, in unserem Nachbarland bekommt man sie als Kiloware bei fast jedem Bäcker. Der Name stammt vom spätlateinischen Wort »focacia«, einer Ableitung von »focus«, was »Herd« oder »Pfanne« bedeutet. Wichtig ist, dass sie schön flaumig aufgehen. Fahren Sie also lieber gleich zu Tschisti's Saftladen!

Adresse am Radweg B 10 zwischen Podersdorf und Illmitz, A-7141 Podersdorf am See, Tel. 0699/19861313 | **Anfahrt** Radweg B 10 | **Öffnungszeiten** Mitte April–Ende Sept. bei schönem Wetter Mo–Fr ab 11 Uhr, Sa, So und Feiertage ab 10 Uhr | **Tipp** »Hölle 1« lautet eine originelle Adresse für ein Erinnerungsfoto. Hier befindet sich das urige Weingut »Wein aus der Hölle« in Illmitz, bei dem durstige Radfahrer einen Zwischenstopp am Weg nach Illmitz einlegen können.

83 Die Weinstube Glück

Der beste Heurige des Burgenlandes

Bei der Fahrt durch Podersdorf ist wahrscheinlich schon so manchem das Gasthaus Zur Dankbarkeit der Familie Lentsch in der Hauptstraße aufgefallen. Dieses war einst ein Schloss sowie der Wirtschaftshof von Zisterziensermönchen. Gleich um die Ecke betreibt die Urenkelin des heutigen Besitzers, Christine Glück, einen Heurigen, der vom Magazin »Falstaff« 2019 zum besten Heurigen des Burgenlandes gekürt wurde.

Stimmungsvoll lädt der typische, weiß getünchte Bogengang der Weinstube Glück die Besucher ein. Das gesamte Ensemble wurde originalgetreu »auf Altburgenländisch« errichtet. Der riesige, wunderschöne Feigenbaum hinter dem Haus streckt sich einem zur Begrüßung förmlich entgegen.

Die »Dankbarkeits-Weine« von Christine und Andreas Glück reifen in Einzelfässern. »Unsere Weine sind für jedermann leistbar und passen gut zu sämtlichen Speisen«, sagt Christine Glück. Für den kleinen Hunger gibt es dünn bestrichene, feine Schmalzbrote, eine Käseplatte mit Grappa-Feigen, Schinken von den Nationalparkrindern, Tomaten von Erich Stekovics oder Schafkäse von den Hautzingers in Tadten (siehe Ort 106). All das auch zum Mitnehmen. Die Preise sind trotz der edlen, handgeschriebenen Karte moderat.

Wenn man Glück hat, tappt man in ein original burgenländisches Wirtshaussingen, oder man fragt vorher danach und kommt dann gezielt. Dann ist der lauschige Garten voll – und eine urige Musikkapelle spielt »alte Hadern«, die Jung und Alt mittels ausgeteilter Notenblätter mitsingen können. Und falls der Abend bei den Glücks aus diesem oder einem anderen Grund einmal etwas länger dauern sollte: Gleich gegenüber bietet die Familie in ihrem »Nachtquartier« fünf gemütliche Doppelzimmer an. »Wir möchten unseren Gästen ein Gesamtpaket bieten«, so Glück. »Bei uns können sie essen, trinken und schlafen.« In dieser idyllischen Umgebung das reinste Glück.

Adresse Winklergasse 30, A-7141 Podersdorf am See | **Anfahrt** über B 51 und See-Landesstraße nach Podersdorf, an der Kreuzung mit der Seestraße links abbiegen und 2. Straße links in Winklergasse | **Öffnungszeiten** Mitte April – Ende Okt. Do – So ab 17 Uhr, Juli und Aug. Mi – So ab 17 Uhr | **Tipp** Bleibt man länger in Podersdorf und möchte den Naturpark Seewinkel erkunden, empfiehlt sich ein E-Bike. Das kann man bei Radsport Waldherr (Hauptstraße 41) ausborgen. Bestes Obst gibt‹s täglich beim nahen Obststand Weiss, Seestraße 19.

84__Die Kellergasse

Wo der Wein reift

Das Städtchen Purbach, das wie das gesamte Burgenland bis 1921 zu Ungarn gehörte, ist für seinen alten Stadtkern mit der historischen, meterdicken Stadtmauer berühmt. Und ebenso für seine malerische Kellergasse. Sie zählt zu den schönsten Straßen des Burgenlandes. In der Region zwischen dem schützenden Leithagebirge und dem breiten Schilfgürtel gedeiht der Wein seit alters her besonders gut. Allerdings wurden die im Ort gelegenen Keller bis ins 19. Jahrhundert regelmäßig bei der Schneeschmelze überflutet. Daher entschlossen sich die Winzer um 1850 dazu, eine Kellergasse in einem höher gelegenen Bereich zu erbauen. Hier reihen sich rund 50 Keller aneinander.

Zuerst wurden große Gewölbe errichtet. Diese wurden im Anschluss in Erdhügel eingebettet. Da viel Baumaterial aus dem Leithagebirge stammte, kann man im Gemäuer immer noch mitunter Fossilien erkennen.

Jeder Keller bestand aus einem Presshaus und einem Fasskeller. Da das Pressen schon lange nicht mehr in den Kellern geschieht, wird der Pressraum nun meist als Heurigenlokal verwendet. Jeden ersten Samstag im Monat zwischen April und November öffnen fast alle Keller ihre Türen zu einem zünftigen Kellergassenfest, wo die Erzeugnisse stolz präsentiert werden.

Mit viel Glück gibt es den seltenen Eiswein. Das ist ein Wein, der aus gefrorenen Trauben hergestellt wird. Dafür werden die Trauben bis in den Winter hinein am Rebstock belassen. Ein Risiko für den Weinbauern, weil dadurch der Ertrag sinkt und zusätzlich das Risiko besteht, die ganze Ernte zu verlieren. Ein guter Eiswein gelingt nicht jedes Jahr. Doch das Sortiment ist groß. Sehr gute Brote, warme Speisen und Salate bietet beispielsweise der Franziskuskeller in der Kellergasse 15k. Bei Schlechtwetter kann man drinnen sitzen, er ist überraschend groß. Besonders gut zum Wein schmecken die Aufstrichbrote. Probieren Sie das Kürbiskernbrot!

Adresse A-7083 Purbach am Neusiedler See | **Anfahrt** B 50 bis Purbach, in der Ortsmitte (gegenüber vom Stadttor) auf Kellergasse abzweigen und bergaufwärts | **Öffnungszeiten** Kellergassenfest April–Nov. jeden 1. Sa im Monat | **Tipp** Kehren Sie für den großen Hunger ins Restaurant und Hotel Braunstein ein, in Pauli's Stuben gleich um die Ecke. Dort bekommen Sie köstlichen Zander und Wein vom familieneigenen Weingut.

85___Die Sandhofer am See

Genuss am Hafenbecken in der schönen Jahreszeit

Wer glaubt, das malerische Städtchen Purbach habe keinen See-
zugang, der irrt. Direkt gegenüber vom Solarwarmbad Türken-
hain, einem Schwimmbad neben dem Campingplatz, befindet sich
das Purbacher Hafenbecken mit Liegestühlen und einer großen
Wiese mit Spielplatz. Um das Glück perfekt zu machen, hat jetzt
auch Manfred Müller, der Ehemann von Birgit Müller-Sandhofer,
mit »Die Sandhofer am See« einen mobilen Imbissstand eröffnet,
der während der Schönwettersaison Getränke und kleine Speisen
anbietet.

Birgit Sandhofer ist in Purbach ein Begriff. Ihr Heuriger in der
Kellergasse 47K – einer der schönsten der Gegend – besticht durch
regionale Köstlichkeiten. Trotz der kleinen Küche wird vielfältig
gekocht. Probieren muss man den herrlichen Bohnenstrudel aus
selbst gezogenem Teig. Von Backhendl über Fisch bis hin zu vegetarischen und veganen Spezialitäten zaubert Birgit Sandhofer eigentlich alles aus dem Hut beziehungsweise dem kleinen Weinkeller. Der
Lockdown hat die Angebotspalette noch erweitert, nun gibt es alles
völlig unkompliziert auch zum Mitnehmen – und für Feste wie beispielsweise Weihnachten Birgit's Home Dining. Zahlen darf man
auch mit Bankomatkarte.

Ihr Mann, der Freigeist, hält inzwischen bei Schönwetter mit seinem kleinen Streetfood-Trailer die Stellung am See. Für das medi-
terrane Feeling darf das berühmte Sandhofer'sche Fladenbrot mit
Prosciutto oder Rucola nicht fehlen, weiters gibt es hausgemachte
Aufstriche wie den Gemüse- oder Erdäpfel-Schafkäse-Aufstrich.
Für diese werden die Fladenbrote auch gern in der kleinen, runden
Pogatschenform serviert. Auch Grillwürstel von der Fleischerei Karlo
befinden sich im Sortiment. Zum gemütlichen Chillen im Liegestuhl
am Hafenbecken gibt's eine kleine Palette an Mixgetränken wie Ape-
rol, Hugo, Raspberry Spritz und Konsorten. So lässt sich das Leben
vom Frühling bis zum Sommerende genießen!

Adresse Wiese am Hafenbecken, A-7083 Purbach am Neusiedler See, Tel. 0699/12136737, www.diesandhofer.at | **Anfahrt** B 50 bis Purbach, in der Ortsmitte auf Obere Bahngasse / Untere Bahngasse in Richtung See abbiegen, nach dem Bahnübergang links auf Türkenhain, dann rechts zum Hafenbecken | **Öffnungszeiten** ab Frühlingsbeginn bei schönem Wetter Mi – So bis 20 Uhr | **Tipp** Falls jemand gern selbst grillt: Bei CapsUp in der Kellergasse 21k gibt es köstliche hausgemachte Chilisoßen aus regionalem Paprika- und Chilianbau.

86___Der Türke im Rauchfang

»So ward er denn des Bauern Knecht …

… in Purbach ging es ihm nicht schlecht.« Will man den »Purbacher Türken« sehen, muss man direkt an der Ortsdurchfahrt, der B 50, vor dem Haus Nummer 9 stehen bleiben und auf die andere Straßenseite in Richtung See schauen. Dann erblickt man hoch oben im Rauchfang des gegenüberliegenden Hauses eine Figur mit einem Turban.

Der Legende nach geschah es, dass 1532, als die Türken Wien belagerten, einige Truppen nach Purbach kamen. Die Purbacher hatten dies rechtzeitig gehört, verbargen ihr Hab und Gut und flüchteten ins Leithagebirge, wo sie sichere Schlupfwinkel kannten. Die Feinde fanden das Dorf entvölkert vor und durchsuchten die Häuser nach Nahrung.

Ein türkischer Soldat gelangte in einen Weinkeller und gönnte sich einen guten Tropfen Wein. Dieser schmeckte ihm so gut, dass er so viel trank, bis er einschlief und von den zurückkehrenden Bauern überrascht wurde. Er kletterte durch den Rauchfang nach oben und wurde dabei gesehen. Die zornigen Bauern begannen zu räuchern, man holte den Türken mittels einer Leiter vom Dach und führte ihn ins Gefängnis. Die Purbacher versprachen, dass ihm nichts geschähe, wenn er den christlichen Glauben annähme. Zusätzlich müsse er dem Besitzer des Hauses, in dem er gefangen genommen worden war, als Knecht dienen. Der Türke erklärte sich mit dem Angebot einverstanden. Er ließ sich taufen, lernte Deutsch und blieb fortan im Haus seines neuen Herrn – sogar bis nach seinem Tod, in Form der Figur.

Die Statue des Türkenkopfs im Rauchfang ist leider überraschend klein. Es gibt jedoch eine Möglichkeit, den originalen Kamin zu sehen und ein besseres Bild vom türkischen Soldaten noch dazu. Im oleandergeschmückten Weingut und Heurigen Türkenkeller in der Schulgasse 9 findet man den rußgeschwärzten Kamin, in dem dies alles angeblich geschah – dazu ein Bild des Türken und die in Stein gehauene Geschichte.

Adresse Türkenkeller Weisz, Haus »Zum Purbacher Türken«, Schulgasse 9, A-7083 Purbach am Neusiedler See, Tel. 02683/5112, www.tuerkenkeller.at | **Anfahrt** B 50, in den Ort, durch das alte Stadttor und dann links in Schulgasse, oder auf der Neusiedler Straße in der Biegung gegenüber dem »Eismacher« seeseitig in den Innenhof | **Öffnungszeiten** 15. März–15. Dez. Sa, So und Feiertage ab 11 Uhr, Juli und Aug. zusätzlich Do und Fr ab 17 Uhr | **Tipp** Schräg gegenüber der Hofzufahrt zum Türkenkeller, an der Neusiedler Straße 3, gibt es sehr gutes selbst gemachtes Eis beim »Eismacher«.

87 Das Haydn-Geburtshaus

Der Beginn einer Weltkarriere

In Rohrau befindet sich das Geburtshaus des weltberühmten Komponisten Joseph Haydn, dessen Geschichte untrennbar mit der des Burgenlandes verbunden ist. Im schilfgedeckten Bauernhaus wurde Joseph Haydn am 31. März 1732 geboren. Seine Mutter war Köchin im benachbarten Schloss des Grafen Harrach. Joseph Haydn war eines von fünf Kindern der Familie, die überlebt haben, insgesamt waren es zwölf Geschwister gewesen, mit Halbgeschwistern sogar 17! Trotz der großen Kinderschar umfasste ein solches Haus zu Haydns Zeit lediglich das Geburtszimmer, die Küche, die Wohnstube und einen Nebenraum. Auf dem Grundstück befand sich ursprünglich auch die Schmiedewerkstatt des Vaters, der Wagner und Marktrichter war.

Haydn lebte nur bis zu seinem sechsten Lebensjahr im Elternhaus. Obwohl seine Eltern vermutlich keine Noten lesen konnten, erkannten sie früh das musikalische Talent des Sohnes und schickten ihn schon als Kind nach Hainburg an der Donau, wo er von einem Verwandten Musikunterricht erhielt. Im Jahr 1740 hörte der Wiener Domkapellmeister Georg von Reutter den begabten Haydn, der oft an Heimweh litt, singen und nahm ihn nach Wien mit, wo er als Chorknabe von St. Stephan eine musikalische Ausbildung erhielt.

Von 1761 bis 1790 lebte Haydn am Hof des Fürsten Nikolaus Esterházy als Kapellmeister in den Schlössern Eisenstadt und Fertőd (siehe Ort 20). Der Komponist, der so bescheiden aufgewachsen war, blieb seinem Heimatort und Geburtshaus stets verbunden. 1795, als er von seiner triumphalen Englandreise heimkehrte, soll er hier niedergekniet sein und die Türschwelle seines Geburtshauses geküsst haben.

Mit einer neu konzipierten Dauerausstellung, Veranstaltungen zu verschiedenen Themenschwerpunkten, einem Museumsshop sowie einem modern ausgestatteten Konzertsaal heißt das Haydn-Geburtshaus seine großen und kleinen Besucher herzlich willkommen.

Adresse Obere Hauptstraße 25, A-2471 Rohrau, Tel. 02164/2268, www.haydngeburtshaus.at |
Anfahrt A 4 bis Bruck / Leitha-Ost, B 211 bis Rohrau | **Öffnungszeiten** Ende März – Anfang
Nov. Di – So und Feiertage 10 – 17 Uhr | **Tipp** Eine lebensgroße Statue Joseph Haydns,
mit Violine in der Hand, den Blick zum Fürsten Esterházy beziehungsweise zum Schloss
gerichtet, steht im Schloss Fertőd (siehe Ort 20).

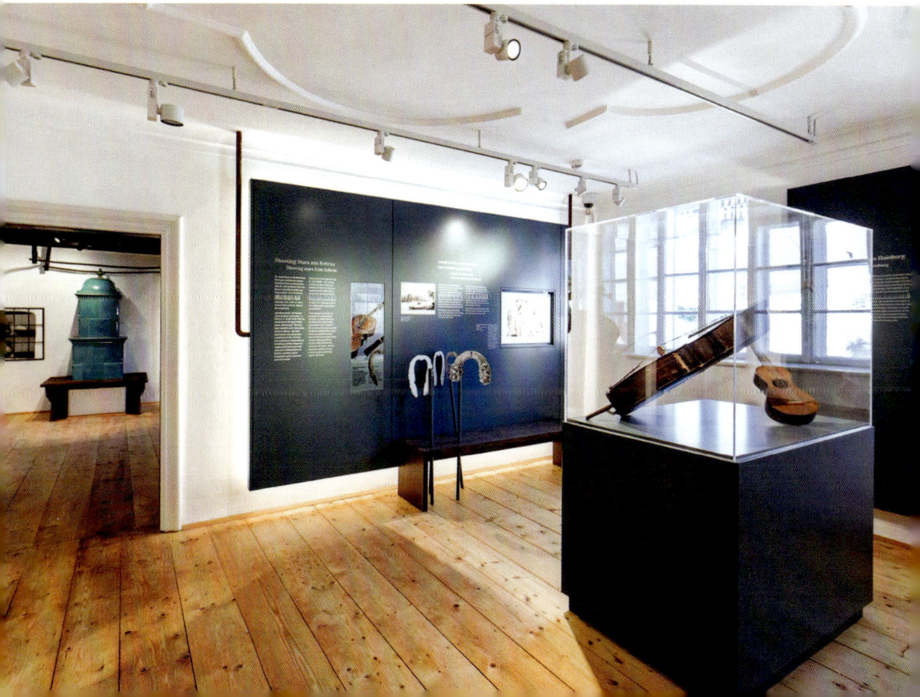

88__Die Fischerkirche

Ein Schatz aus alter Zeit

Die Stadt Rust ist schon ein Juwel an sich, doch kennen Sie die etwas versteckt liegende Fischerkirche? Sie wurde im 12. Jahrhundert auf den Resten eines römischen Wachturmes erbaut. Es handelte sich um eine kleine Kirche, deren Maße sechs mal elf Meter betrugen. In der zweiten Hälfte des 13. Jahrhunderts wurde die dazugehörige Marienkapelle errichtet. Die Legende berichtet, dass die Tochter Ludwigs des Großen, Königin Maria von Ungarn, bei einer Bootsfahrt am Neusiedler See in Lebensgefahr geraten war und von Ruster Fischern gerettet wurde. Zum Dank stiftete sie die Kapelle. Im Jahr 1570 wurde eine Orgelempore eingezogen. Seitdem wurde der Innenraum architektonisch nicht mehr verändert.

Dass sowohl Protestanten als auch Katholiken die Kirche nutzten, ist an den Fresken abzulesen, die zu den ältesten im Burgenland zählen. Zeugen des evangelischen Glaubens sind die farbenfrohen Malereien weltlicher Motive wie Weinstöcke oder Seegras. Es gab in der Freistadt ein reges evangelisches Leben, so wie in vielen Orten Westungarns, zu dem sie bis zur Volksabstimmung 1921 gehörte. Die evangelischen Kirchen wurden hier ebenso reich ausgeschmückt wie die katholischen.

In der Fischerkirche werden auch die Rivalitäten in der umkämpften Stadt sichtbar. Die Freistadt war im 15. Jahrhundert den Grafen von St. Georgen und Bösing als Eigentum versprochen worden. Sie stellten ihre Herrschaftsansprüche, indem sie in der Kirche Ziegel mit ihren Wappen verlegen ließen. Vermutlich waren sie auch die Auftraggeber der schönen Glasmalereien. Doch die Ruster ließen sich nicht lange unterdrücken: Im Jahr 1681 kaufte sich die Freistadt von der Untertänigkeit frei.

Sie bezahlte dafür 60.000 Goldgulden und 500 Eimer (nahezu 30.000 Liter) besten Weins. Auch die Türkenbelagerungen umgingen die findigen Ruster: Sie übertünchten die Fresken, montierten das Kreuz ab und tarnten die Kirche als Versammlungsort.

Adresse Rathausplatz 16, A-7071 Rust; Kontakt: Pfarre Rust, Tel. 0676/880703034 | **Anfahrt** B 52 nach Rust, Parkmöglichkeiten im Ort, Fischerkirche in der Fußgängerzone mitten in der Altstadt | **Öffnungszeiten** Mo–Fr 11–12 und 14–15 Uhr, So und Feiertage 14–16 Uhr | **Tipp** Wer Blumen liebt, sollte Rust bereits Ende Februar besuchen. Dann kann man die Mandelblüte in den Obstgärten bestaunen, wenn man am Ende der Storchenwiese den Güterweg in Richtung Mörbisch wandert.

89___Das Galeriecafé

Eierlikörtorte vor zeitgenössischer Kunst

Es muss das spezielle Ambiente mit den Klapperstörchen gegenüber sein, die bisweilen auch im Winter bleiben. Oder die Tatsache, dass sich das Interieur immer wieder wandelt. Auf jeden Fall ist das erst 2015 von Victoria Karassowitsch eröffnete Kaffeehaus mitten in der Freistadt Rust so gut wie immer voll. Von März bis in die Weihnachtszeit sieht man Menschen auf der kleinen Holzbank davor sitzen und entweder die ersten Sonnenstrahlen oder den kühlen Schatten des pittoresken Städtchens genießen. Und bei Schlechtwetter sitzen sie drinnen.

Es ist ja auch kaum zu übersehen. Es liegt direkt an der Straße, die durch Rust zum See führt, und dort sah die Besitzerin es auch zum ersten Mal und verliebte sich gleich in das damals noch leer stehende Häuschen. Seitdem wird dort Kaffee ausgeschenkt, selbst gebackener Kuchen aufgetischt und Kunst bewundert. Denn das ist die Besonderheit dieses Cafés – zeitgenössische Künstler stellen hier jeweils ein halbes Jahr lang ihre Werke aus, dann sind die nächsten dran.

»Ich wähle Bilder, die mir gefallen«, sagt die sympathische Inhaberin, und sie scheint dafür ein gutes Händchen zu haben. Zuerst musste sie die Künstler noch suchen, mittlerweile melden sie sich von allein, und es gibt Wartelisten. In den zwei urigen, leicht schiefen Zimmern kommen die Bilder perfekt zur Geltung und passen zum Ambiente dieses alten Städtchens, das bereits 1317 erstmals urkundlich erwähnt wurde. Kuchen zaubert sie aus regionalen Zutaten, auch laktose- oder glutenfrei, mit frischen Früchten und Beeren der Region. Seit der Coronapandemie gibt es auch alles auf Bestellung zum Mitnehmen. Unschlagbar gut ist die hausgemachte Eierlikörtorte, für die sich die Anreise aus Wien mehrmals im Jahr durchaus lohnt. Über saftigen Schoko-Nuss-Teig spannt sich eine spiegelglatte orangegelbe Likör-Geleeschicht, deren Inhalt durchaus einem kleinen Verdauungsstamperl entspricht. Etwas schwächer, aber nicht minder gut: die Russische Teetorte. Selbst das Soda wird hier mit ein paar Beeren serviert.

Adresse Hauptstraße 18, A-7071 Rust | **ÖPNV** REX bis Eisenstadt, Postbus 285 nach Rust, Haltestelle Franz-Josefs-Platz, 300 Meter durchs Zentrum Richtung See; am Radweg B 10 | **Anfahrt** über die L 313, L 209 oder B 52 nach Rust, auf die Hauptstraße einbiegen | **Öffnungszeiten** März – Sept. Mi, Do und So 10 – 20 Uhr, Fr und Sa 10 – 24 Uhr | **Tipp** Oldtimer-Traktorfahrten durch die Weinberge mit Weinverkostung bietet der Winzerhof Lehner-Horvath (Dr.-Ratz-Gasse 2, Tel. 0664/9236867).

90___ Die Manufaktur Wiesinger

Neues Leben aus altem Holz

Was verbindet die Geldbörsen, Schneidbretter, den Schmuck und die Möbel von Markus Wiesinger? Sie alle sind aus Holz gemacht, und zwar aus Holz von alten Weinfässern. Seit 2016 übt Markus Wiesinger sein Handwerk in einer Seitengasse im malerischen Städtchen Rust aus.

Der gebürtige Ruster ist gelernter Möbel- und Bautischler. Er hat immer schon gern mit Holz gearbeitet und öfter Gegenstände des alltäglichen Gebrauchs hergestellt. Seine erste Idee war ein Schneidbrett, 2008 baute er ein Regal aus Weinfassdauben. Dauben nennt man die Längshölzer, die zur Herstellung eines Weinfasses verwendet werden (siehe Ort 99). Nach und nach kamen neue Produkte hinzu, wie die innovative Holzgeldbörse. Schließlich kehrte Wiesinger zu seinem eigentlichen Gewerbe zurück, wobei er sich nun an Fässern aus Akazien- und Eichenholz bedient, in denen jahrelang edelste Rotweine gereift sind. Feine Nasen können an den Gegenständen sogar noch den Duft des Rotweins erahnen.

Die Weinfässer, aus denen Wiesinger seine Werke herstellt, stammen alle aus dem Ruster Hügelland. Die daraus gefertigten Produkte sind Unikate und haben eine ganz besondere Farbgebung, von Zartrosa über Pink bis hin zu Magenta. Mit der richtigen Pflege – dazu gehört regelmäßiges Nachölen – hat man sehr lange Freude mit ihnen.

Markus Wiesinger steht unter der Woche von früh bis spät in seiner Werkstatt und am Wochenende im Geschäft. Die Inspirationen für seine Werke holt er sich unter anderem auf Fernreisen, bei Handwerkskunst aus Kuba oder Südamerika. Wiesingers Kollektionen werden ständig erweitert und umfassen Haushaltswaren wie Salatbestecke, Salzstreuer, Sushi-Bretter oder Pfannenwender, aber auch Edles für den Schreibtisch wie Bleistift- oder Visitenkartenhalter. Auch wunderschönen filigranen Holzschmuck hat er in seinem Sortiment, seit Neuestem auch im Onlineshop.

Adresse Kirchengasse 6, A-7071 Rust, Tel. 0699/11278576, www.markuswiesinger.at |
OPNV REX bis Eisenstadt, Postbus 285 nach Rust, Haltestelle Franz-Josefs-Platz,
250 Meter ins Zentrum; am Radweg B 10 | **Anfahrt** über die L 313, L 209 oder B 52 nach
Rust, auf die Hauptstraße einbiegen und ins Ortszentrum | **Öffnungszeiten** März–Dez.
Di–So 10–18 Uhr (an Weihnachtswochenenden bis 20 Uhr), Jan., Feb. Di–So 10–18 Uhr
oder nach telefonischer Vereinbarung; auch auf diversen lokalen Märkten | **Tipp** Ebenfalls
aus Holz sind die Liegen auf der neu erweiterten Terrasse des Seerestaurants Katamaran. In
den Sommermonaten kann man hier vortrefflich mit seinen Liebsten liegen, einen Cocktail
genießen und in den Sternenhimmel schauen.

91 Das Besucherzentrum

Wie man einen Fisch fängt

Umrundet man den Neusiedler See, lässt man Sarród meistens aus – gibt es doch zwischen den beiden Grenzorten Fertőd und Pamhagen eine direkte Verbindungsstraße. Die Straße, die nach Sarród abzweigt, führt bis an den südöstlichsten Zipfel des Sees und nach Fertőujlak, auch Mexikópuszta genannt (siehe Ort 92). Vom Ortsende aus führen ein Rad- und Fußweg nach Österreich.

Landseitig davon, an der Straße nach Sarród, liegt das ungarische Nationalpark-Besucherzentrum Lászlómajor, das 2012 in Betrieb genommen wurde. In dem ehemaligen Meierhof wird das bäuerliche Leben, wie es früher war, vorgestellt. Dazu gehören natürlich die alten ungarischen Haustierrassen, die hier im Freigelände herumlaufen, sowie eine Ausstellung über die damalige Landwirtschaft. Ein Schwerpunkt ist die Fischerei. Die ist im Neusiedler See zumindest seit Mitte des 16. Jahrhunderts belegt.

Die meisten Gewässer waren Eigentum des Adels und wurden von den Untertanen bewirtschaftet. Illmitz und Apetlon mussten regelmäßig einen Wagen voller Fisch als Zins an die Herrschaft Esterházy nach Eisenstadt liefern. Fisch spielte damals nur in der Küche der stadtbürgerlichen Gesellschaft eine Rolle. Unter den Bauern waren Mehlspeisen die vorherrschenden Gerichte.

Das typische Fanggerät der Kleinfischer war ein Drehkorb, der ins Wasser gehalten wurde. Viel effizienter waren Reusen. Das sind tonnen- oder trichterförmige Gestelle aus Steinen, Stöcken oder Schilf, die die Fische in ein Becken leiten, ihnen dann aber den Rückweg erschweren. Sie sind bereits seit der Mittelsteinzeit bekannt. Man macht sich hier die Eigenschaft der Tiere zunutze, immer in eine Richtung zu schwimmen und diese auch nicht zu ändern, wenn sich ein Hindernis in den Weg stellt. Stattdessen tastet der Fisch das Hindernis ab, um einen Durchschlupf zu entdecken, und findet nicht mehr hinaus. Eine solche Reuse ist im Garten des Besucherzentrums ausgestellt.

Adresse Lászlómajor, H-9435 Sarród | **Anfahrt** B 51 bis Pamhagen, über die Grenze, geradeaus Richtung Fertőd, am Kreisverkehr 1. Straße rechts Richtung Sarród, im Ort 1. Straße rechts auf Kossuth utca, wird zu Fő utca, an der Kirche 1. Straße links und 3,5 Kilometer bis Lászlómajor | **Öffnungszeiten** Jan.–April., Sept. Di–Sa 9–16 Uhr, April–Aug. Di–So 9–16 Uhr; Führungen in deutscher Sprache nach Voranmeldung | **Tipp** Für eine Stärkung nach dem Besuch befindet sich direkt gegenüber das Gasthaus Gartner mit ungarischer Küche und hin und wieder sogar einem Bücherflohmarkt.

92___Der Einser-Kanal

Wie die Puszta nach Mexiko kam

Auf dem Weg zwischen Sarród und Fertőujlak glitzert auf halbem Weg der südlichste Zipfel des Neusiedler Sees links der Straße. Kurz darauf überquert man den Einser-Kanal, der hier ganz in der Nähe in den See mündet. Zur Zeit des Ungarnaufstandes 1956 erlangte er mit der »Brücke von Andau« (siehe Ort 3) geschichtliche Bedeutung. Fährt man weiter, kommt man in eine Gegend, die bis 1976 Mexikópuszta hieß und von den Bewohnern heute immer noch so genannt wird, weil sie laut einer Legende den Fürsten Esterházy an Mexiko erinnerte.

Der Einser-Kanal ist 30 Kilometer lang, bis zu sieben Meter tief und vier bis 15 Meter breit. Er wurde von Österreich-Ungarn zur Regulierung des abflusslosen Sees und zur Entwässerung der Hanságsümpfe im Osten angelegt. Die Fertigstellung erfolgte 1909. Der Kanal verläuft nur auf ungarischem Gebiet, mündet in die Raab und dann in die Donau.

Die Fließgeschwindigkeit ist eigentlich nur bei Nordwestwind bemerkbar. Dann verlagern sich die Wassermassen des Neusiedler Sees nach Süden, und es kommt zu Wasserstandsschwankungen von bis zu 40 Zentimetern zwischen Nord- und Südufer. Die Orte auf der südlichen Seeseite waren bis zum Ersten Weltkrieg Überschwemmungsraum. 1870, als eine komplette Trockenlegung geplant war, wurde mit dem Bau des Kanals begonnen. Auch heute fließen Millionen Kubikmeter Wasser pro Jahr in die Donau. Wenn diese Hochwasser führt, gelangt das Wasser durch den Rückstau wieder in den See. 1956 wurde ein Gewässervertrag zwischen Österreich und Ungarn abgeschlossen, dieser regelt seither die Bedienung der Schleuse. Sie richtet sich nach dem Mittel der Niederschläge der vergangenen drei Jahre.

Obwohl man es ihm nicht ansieht, leben in dem Kanal viele Fische, insbesondere Hechte. Sie sind hier gefangen, weil sich die Schleusen zum Neusiedler See sehr selten öffnen und sie auch schwer in den Abfluss der Raab gelangen. Fischer freuen sich darüber.

Adresse Brücke nach H-9435 Sarród | **Anfahrt** B 51 bis Pamhagen, über die Grenze, geradeaus Richtung Fertőd, am Kreisverkehr 1. Straße rechts Richtung Sarród, im Ort 1. Straße rechts auf Kossuth utca, wird zu Fő utca, an der Kirche 1. Straße links und 2,5 Kilometer geradeaus | **Öffnungszeiten** rund um die Uhr | **Tipp** Die 1,5 Kilometer bis zum Grenzort Fertőujlak (Mexikópuszta) sind es wert, schon allein wegen der urigen Kneipe Mekszikópusztai Betérő in der Fő utca 4. Dort gibt's herrlichen gebratenen Fisch – und man sieht nach Österreich, zur Graurinderkoppel in Apetlon, wohin vom Ortsende ein beschilderter Radweg führt.

93__Die Schuh-Mühle

Von Februarkämpfen bis zum Mühlengeisterchen

Die Schuh-Mühle ist eine der letzten historischen Mühlen des Burgenlandes. Einst klapperte sie am Tauscherbach. Bis in die 70er Jahre diente sie als Getreidemühle. Ab 2009 wurde sie liebevoll restauriert und ist nun ein pulsierender Veranstaltungsort. Auch für Familien mit kleineren Kindern ist viel geboten. Mühlengeist Sebastian führt die Kleinsten durch die Mühle. Er ist nach Sebastian Schuh benannt, einem ehemaligen Betreiber der Mühle, der zu Beginn des 20. Jahrhunderts verstarb – es ist also nicht auszuschließen, dass er in Form des süßen Gespensterchens nach wie vor dort hin und wieder nach dem Rechten sieht.

Schattendorf spielte eine große Rolle in Österreichs Geschichte. In den 20er Jahren des vorigen Jahrhunderts war es Schauplatz von Kämpfen zwischen den paramilitärischen Organisationen »Schutzbund« und »Frontkämpfer«. Im Jänner 1927 kam es zu einer blutigen Auseinandersetzung. Nachdem einige Schutzbündler in das Gasthaus der Frontkämpfer eingedrungen waren, zückten die beiden Wirtssöhne und deren Schwager die Waffen und schossen wahllos aus dem Fenster. Zwei Menschen kamen dabei ums Leben, unter anderem der siebenjährige Josef Grössing. Die Angeklagten wurden vom Vorwurf der fahrlässigen Tötung freigesprochen. Im Zuge des hochkochenden Volkszorns und des Einschreitens der Polizei kam es zu einem Brand des Justizpalastes, und das Ganze endete in einem Massaker mit 89 Toten.

Von alldem und noch vielem mehr berichtet der 2,5 Kilometer lange Geschichtswanderweg Kultur.Geschichten.Weg, der in der Schattendorfer Schuh-Mühle ihren Ausgang nimmt. Stationen sind das Grössing-Grab, das Kriegerdenkmal, der Gedenkplatz an der ungarischen Staatsgrenze, die jüdischen Gräber, das Römergrab sowie das Gebäude, welches 1927 Ausgangspunkt der »Schüsse von Schattendorf« war. Erklärungen gibt es auf Infotafeln, Führungen sind ebenfalls möglich.

בס"ד

כאן טמונים 26 יהודים מהונגריי, אשר סבלו
עינויים נוראים ע"י רודפיהם הנאצים ימ"ש
ומסרו את נפשם על קידוש השם בשלחי השואה
בשנת 1945. ת.נ.צ.ב.ה.

הקהילה היהודית של וינה

Hier befinden sich die sterblichen Überreste von 26 jüdischen Märtyrern aus
Ungarn, die zu Beginn des Jahres 1945, von den Nazi-Schergen gepeinigt, an
Krankheit, Hunger und Erschöpfung starben. Ihr Andenken sei gesegnet!

ISRAELITISCHE KULTUSGEMEINDE WIEN

Adresse Museums-, Kultur- und Kommunikationshaus Schuh-Mühle, Am Tauscherbach 1, A-7022 Schattendorf, www.muehle-schattendorf.at | **Anfahrt** B 50, Burgenlandstraße bis Zemendorf, über Draßburg und Baumgarten auf L 224 bis Schattendorf | **Öffnungszeiten** Mi 9–12 und 17–21 Uhr, Do 8.30–12 und 13.30–18 Uhr, jeden letzten Sa im Monat 9–12 Uhr, sonst auf Anfrage | **Tipp** Auf der anderen Seite des Sees, in Weiden, kann man nicht nur einen Blick in eine Mühle, sondern auch in ein Windrad werfen (Anfragen über das Tourismusbüro unter Tel. 02167/7427).

94__ Die Hirtenhöhle

Wo die Tamburizza erklang

Schon auf der Straße zur Hirtenhöhle von Siegendorf gibt es viel Interessantes zu sehen. In der Sandgrube auf der linken Seite des Hügels haben sich Bienenfresser in den Hängen der Sandgrube eingenistet. Der kahle helle Hang mit den vielen Löchern ist nicht zu übersehen und noch eindrucksvoller als der in Weiden. Bienenfresser sind bedrohte Zugvögel, die in Kolonien brüten und den Winter in Afrika verbringen.

Nach den Türkenkriegen im 16. Jahrhundert wurden im heutigen Burgenland Menschen aus Kroatien angesiedelt, um das verwüstete und menschenleere Gebiet neu zu beleben. Ihre Sprache und ihr kulturelles Erbe bewahren die Burgenland-Kroaten bis heute. Sie stellen die größte Minderheit im Burgenland dar. Leider gibt es immer noch Orte, an denen zweisprachige Ortstafeln keine Selbstverständlichkeit sind.

Die Hirtenhöhle findet man, wenn man in Siegendorf-Oberwiesen dem Straßenverlauf folgt. Hat man den kleinen Picknickplatz erreicht, staunt man über die Höhe des steilen Pfades hinauf zur kleinen, steinernen Hütte. Festes Schuhwerk sei empfohlen, weil der abgetretene Pfad rutschig sein kann. Das Steinhäuschen mit dem Rauchfang auf der Hügelkuppe, das teilweise in den Berg hineingebaut ist, wurde von den in Siegendorf angesiedelten Kroaten erbaut. Es ist eine Variation der dalmatinischen Bunja, das waren winzige Steinhäuschen, bei denen die Steine lose übereinandergelegt wurden. Sie dienten früher den Hirten und ihren Schafen als Unterschlupf bei schlechtem Wetter. Vom Hügel aus hatten die Hirten die weidenden Schafe gut im Blick und konnten sich an der Feuerstelle wärmen. Heute bietet sich der Platz am Fuß des Hügels mit seinen Bänken und Tischen hervorragend als Rastplatz oder für ein Picknick an.

In Siegendorf erklang übrigens nicht nur die kroatische Tamburizza: Es ist auch der Heimatort des Komponisten und »arabischen Bartóks« Jenő Takács.

Adresse A-7011 Siegendorf | **Anfahrt** B 16, Ödenburger Straße bis nach Siegendorf, beim Kreisverkehr auf Eisenstädter Straße, vor der Kirche rechts auf Dammstraße, links auf Fabriksgasse, rechts auf Siegendorf-Oberwiesen, dem Straßenverlauf 450 Meter folgen, dann rechts abbiegen, nach 250 Metern links Bienenfresserkolonie, nach 400 Metern Picknickplatz | **Öffnungszeiten** rund um die Uhr | **Tipp** Sehr sehenswert sind die bronzezeitlichen Siegendorfer Hügelgräber, die an der Straße nach Schuschenwald zwei Kilometer außerhalb des Ortes gefunden wurden. Im Freilichtmuseum kann man die Ausgrabungen aus der Spätbronzezeit (1200 vor Christus) besichtigen, darunter Knochen, ein Schwert und sogar ein zweischneidiges Rasiermesser.

95 Das Apothekenmuseum

Highlight in Ödenburgs Altstadt

Wer Sopron bisher nur vom Einkaufen oder Vorbeifahren kennt, sollte unbedingt auch einmal die romantische, mediterran anmutende Altstadt besuchen. Denn die Stadt, die auf Deutsch Ödenburg heißt, ist alles andere als öd!

Schon die Römer gründeten an der Stelle der heutigen Stadt die Siedlung Scarbantia, welche ein Handelsplatz an der Bernsteinstraße war. Der heutige Marktplatz war das ehemalige römische Forum. An der Ecke Új utca und Szent György utca kann man unter dem Tourinform-Büro in circa vier Meter Tiefe den südlichen Rand des Forums erkennen. Auf die 1.400 Jahre alte römische Befestigung wurden im Mittelalter die Stadtmauern gebaut, die man bei einem Rundgang durch die große Bastei besichtigen kann. Auch vielen barocken Häusern aus dem 16. Jahrhundert begegnet man in der kopfsteingepflasterten Innenstadt. Romantische Innenhöfe und Bogengänge verstärken das südliche Flair.

Ein schönes Zeugnis seiner Zeit ist das Apothekenmuseum am Hauptplatz (Fő tér) 2. Hier findet man Glasfläschchen mit Alchimistenzeichen und sogar eine Urkunde einer Hebamme, auf der die Unterschrift des berühmten ungarischen Arztes und »Retters der Frauen« Ignaz Semmelweis zu sehen ist. Neben alten Geräten zur Arzneimittelherstellung sind auch Gegenstände des Aberglaubens wie zum Beispiel Schutzamulette gegen den bösen Blick ausgestellt.

Nach dem Ersten Weltkrieg sollte Sopron als »Ödenburg« die Landeshauptstadt des neu gebildeten österreichischen Bundeslandes Burgenland werden – was jedoch durch die Volksabstimmung 1921 verhindert wurde. In der Új utca befand sich damals ein jüdisches Zentrum, das leider mit dem Zweiten Weltkrieg vollkommen verschwand – fast 2.000 jüdische Bürger wurden nach Auschwitz deportiert. Ein Überbleibsel ist die Synagoge, die zu einem Museum wurde. Zahlreiche Gedenktafeln in der Új utca und Umgebung erzählen die Geschichten der Häuser und Straßen.

Adresse Fő tér 2, H-9400 Ungarn | **ÖPNV** REX bis Sopron, vom Bahnhof 20 Minuten durch die Innenstadt | **Anfahrt** B 84 bis Sopron, am 2. Kreisverkehr Richtung Zentrum, Parkmöglichkeit am Rand des Zentrums | **Öffnungszeiten** April–Sept. Di–So 10–14 Uhr | **Tipp** Sopron ist nicht nur etwas für Nostalgiker. Auf der Sommerrodelbahn am »Bécsi domb« (»Wienerhügel«) kann man sich nach dem Stadtbesuch so richtig austoben (Tel. +36/204333505, www.bobozas.hu).

96__Der Feuerturm
Südliches Flair im Westen von Ungarn

Bei schönem Wetter erinnert die Aussicht an die Toskana. Der blaue Himmel spannt sich weit über bewaldete Hügel und hellrote Dächer. Nur der Ausläufer des Ruster Hügellandes vor Fertőrákos behindert den freien Blick auf den Neusiedler See, der von hier aus nur etwa sechs Kilometer entfernt ist.

Der im 13. Jahrhundert zunächst als Stadtturm erbaute Feuerturm ist ein Wahrzeichen von Sopron und liegt mitten in der pittoresken Altstadt (siehe Ort 95).

Die Fundamente stammen aus der Römerzeit, davon zeugen Ausgrabungen im Erdgeschoss. Der gotische Turm war gleichzeitig das nördliche Haupttor der Festung von Sopron. Die Turmwächter sollten die Bevölkerung mit Flaggen und Laternen sowie Klängen von Posaunen auf Brände aufmerksam machen. Sie mussten auch fremde Soldaten und Händler beobachten. Zu besonderen Anlässen wie Hochzeiten spielten die Turmwächter sogar selbst Instrumente. Nachdem der Turm bei einem verheerenden Stadtbrand im Jahr 1676 vollständig niedergebrannt war, erhielt er seine heutige Form. Wundersamerweise überstand er beide Weltkriege beinahe unbeschadet. Nachdem sich die Bürger Soprons bei der Volksabstimmung 1921 für einen Verbleib bei Ungarn entschieden hatten, wurde 1928 eine neubarocke Torumrahmung an der südlichen Seite des Feuerturmes gebaut, die »Treuetor« genannt wurde.

Der 58 Meter hohe Turm wurde 2012 renoviert und erstrahlt nun in neuem Glanz. Abends bunt beleuchtet, wird er an lauen Sommerabenden zum Magneten bei einem Spaziergang durch die Stadt. Wer die 200 Stufen nicht auf einmal schafft, kann sich in einem gläsernen Café im Zwischengeschoss stärken, das eine sehr nette Kinderspielecke hat und architektonisch einzigartig mit dem alten Gemäuer verbunden ist. Dies ist eine wahrlich gelungene Symbiose von alter und moderner Architektur. Beim Hinaufschauen kann man den Turm also sogar kaffeetrinkend von unten betrachten!

Adresse Fő tér 5, H-9400 Ungarn | **ÖPNV** REX bis Sopron, vom Bahnhof 20 Minuten durch die Innenstadt | **Anfahrt** B 84 bis Sopron, am 2. Kreisverkehr Richtung Zentrum, Parkmöglichkeit am Rand des Zentrums | **Öffnungszeiten** Mo – So 10 – 18 Uhr | **Tipp** Die übrig gebliebenen Stadtmauern kann man bei einem Spaziergang auf der Stadtpromenade entdecken, die beim Feuerturm beginnt.

97___Die Hügelgräber

Besuch bei der alten Dame

Lang windet sich die Straße durch den dichten Stadtwald den Soproner Hügel hinauf, auf dem man schon von Weitem aus allen Blick-
richtungen den markanten Sender sieht. Hat man dann den obersten
Parkplatz vor dem Schranken erreicht und geht zu Fuß in Richtung
»Várhely-kilátó« (Aussichtsturm), senkt sich eine geheimnisvoll-
feierliche Atmosphäre über den Wald. Schon kurz nach Beginn des
Wanderweges fällt auf, wie hügelig es hier ist. Doch wer auf Schüt-
zengräben aus den Weltkriegen tippt, liegt falsch, es handelt sich bei
den Erhebungen nämlich um Hügelgräber.

In der Eisenzeit beziehungsweise Hallstattkulturzeit, also etwa
ab 800 vor Christus, wurden direkt neben der Schotterstraße kel-
tische Hügelgräber angelegt. Folgt man den Hinweisschildern,
erreicht man nach 20 Minuten eine Holzkonstruktion, auf der das
Wort »Kelta Ünnep« (Keltenfest) steht, und danach eine Statue von
Oberschullehrer Lajos Bella, der Ende des 19. Jahrhunderts hier mit
den Ausgrabungen begann. Biegt man beim Wegweiser »Várhely
halomsirok« rechts ab, an den hölzernen Tiergehegen vorbei, erkennt
man nach wenigen Schritten ein geöffnetes Hügelgrab. In der Öffnung befindet sich ein Lichtschalter, sodass man die Grabbeigaben
bewundern kann.

Nach diesen zu schließen, handelt es sich um das Grab einer vor-
nehmen Frau. Die Menschen wurden damals, nachdem sie verbrannt
worden waren, mit Resten des Scheiterhaufens in Holzkammern
bestattet. Die Kombination aus Grabbeigaben und Zwillingsgefäß,
einem typischen getöpferten Gefäß mit zwei Henkeln, die an Wid-
derhörner erinnern, ist ausschließlich im Bereich des Neusiedler Sees
und des Leithagebirges verbreitet. Bei den Männergräbern fällt das
Fehlen von Waffen auf. Man fand in ihren Gräbern hauptsächlich
Kleidungszubehör, Pferdegeschirr und Trinkgefäße. Mit ein wenig
Phantasie kann man also sagen, dass hier ein friedliebendes Volk
lebte, das irdischen Genüssen zugetan war.

Adresse Sopron-Várhely Történelmi Emlékhely, H-9400 Sopron | **ÖPNV** REX bis Sopron, Bus 1 oder 2, Haltestelle uszoda, Schild Károly-magaslat folgen, circa fünf Kilometer Fußweg | **Anfahrt** vom Grenzübergang Klingenbach Ödenburger Straße B 16 bis Sopron, nach fünf Kilometern 1. Abzweigung rechts, über Lackner Kristóf utca bis Lővér körút, an der Kreuzung Lővér körút / Récényi út (Schild: Richtung Károly-kilátó) in Récényi út einbiegen, 1,5 Kilometer bis Károly-magaslati Parkoló, drei Kilometer auf Récényi út zum Parkplatz mit dem Schild »Várhely Parkoló«, ab dem Schranken zu Fuß in Richtung Várhely-kilátó, Beschilderung zu Hügelgräbern folgen | **Öffnungszeiten** rund um die Uhr | **Tipp** Folgt man den Wegweisern einen Kilometer weiter zum Várhely-kilátó, kommt man zu einer Holzwarte, deren Konstruktion eine Doppelhelix aufweist. 75 Stufen führen hinauf, von oben hat man einen herrlichen Blick über das Ödenburger Gebirge und den Neusiedler See.

98__Das Jägermuseum

Von Hexen, Wild und bestem Bier

In keiner anderen Stadt gibt es auf so kleinem Raum so viele Aussichtstürme wie in Sopron. Der Károly-kilátó auf der Karlshöhe (Károly-magaslat) ist ein Ausflugsziel für die ganze Familie, besonders im Herbst oder Frühling.

Dieser 1869 aus Holz gebaute Aussichtsturm im Ödenburger Stadtwald wurde in den 30er Jahren durch einen Steinturm ersetzt, der in den 80ern zusehends verfiel. Daher wurde er in einer Stadterneuerungsaktion liebevoll renoviert und in den 90ern neu eröffnet. Der circa 500 Meter lange Weg vom Parkplatz zum Aussichtsturm ist als »Hexen-Schnitzeljagd« für Kinder gestaltet. Für alle, die nicht Ungarisch sprechen: Beim Hexenhäuschen am Beginn des Wanderweges nimmt man einen Bogen Papier mit der aufgemalten Schnitzeljagd mit und lässt sie an jeder Station abstempeln. Für den fertig gestempelten Bogen bekommt man dann im Bistro »Erdei Büfé« kurz vor dem Aussichtsturm eine kleine Überraschung. Eltern erwartet dort ein gut gekühltes Soproner Bier, das aufgrund der wenigen Bitterstoffe auch denjenigen schmeckt, die sonst sehr selten Bier trinken. Für Experimentierfreudige gibt es das Bier auch in anderen Geschmacksrichtungen. Dazu passen hervorragend ungarische »melegsendwichs« mit Schinken oder Pilzen, die mit viel Käse überbacken sind.

Direkt im Büfé kann man das »Kőhalmy«-Jägermuseum besichtigen. Es ist eigentlich ein sehr kindgerechtes Naturkundemuseum. Im Erdgeschoss kann man Tierstimmen oder Vogelnester den jeweiligen Tieren zuordnen, im ersten Stock warten ein interaktives Memory und ein Spiel, bei dem man Naturmaterialien ertasten muss. Auch hier ist nicht alles aus dem Ungarischen übersetzt, jedoch trotzdem verständlich. Derart gestärkt kann man nun das eigentliche Ausflugsziel, den Károly-kilátó, besteigen und versuchen, neben der Rax, dem Schneeberg und der Soproner Fernsehantenne auch Bratislava zu erspähen.

Adresse Károly-kilátó, H-9400 Sopron | **ÖPNV** REX bis Sopron, Bus 1 oder 2, Haltestelle Csík Ferenc uszoda | **Anfahrt** vom Grenzübergang Klingenbach Ödenburger Straße B 16 bis Sopron, nach fünf Kilometern 1. Abzweigung rechts, über Lackner Kristóf utca am Zentrum vorbei und Lővér körút ansteuern, gegenüber von Princz pihenő an Kreuzung (Schild: Richtung Károly-kilátó) in Récényi út einbiegen, 1,5 Kilometer bis Károly-magaslati Parkoló, von dort 500 Meter zu Fuß | **Öffnungszeiten** Nov.–Feb. 9–16 Uhr, März 9–17 Uhr, April und Okt. 9–18 Uhr, Mai–Aug. 9–20 Uhr, Sept. 9–19 Uhr | **Tipp** Wer lieber ohne Kinder die Stille des Soproner Waldes genießen will, kann sich im Hotel des ehemaligen Klosters »Sopronbánfalva« (Kolostorhegy utca 2) einmieten.

99_Der Fassbinder

Der letzte seiner Art

Wollten Sie immer schon mal wissen, wie ein Holzfass gebaut wird? Wie die massigen Holzbretter gebogen, die Ritzen abgedichtet werden? Wenn ja, dann statten Sie Fassbinder Karl Roll einen Besuch ab!

Die meisten Weine reifen in Stahltanks – auch die stellt Roll her. Rotwein wird aber nach wie vor in Holzfässern gelagert. Diese kommen oft aus Italien oder Frankreich. Im Burgenland gibt es mit Karl Roll nur mehr einen einzigen Fassbinder. Bei ihm lebt sogar sein Hund in einem – zur Hundehütte ausgebauten – sehr komfortablen, großen Fass.

Das Wissen um sein Handwerk hat Roll von seinem Vater. Er verwendet für die Fässer hauptsächlich Eichenholz. Für Essigfässer verarbeitet der Fassbinder aber auch Holz von Maulbeerbäumen oder Akazien. Eine besondere Herausforderung ist es, die exakten Rundungen für die Fassbretter hinzubekommen. Dauben nennt man diese Längshölzer. Die zunächst geraden Hölzer werden dazu an den Enden keilförmig mit Schablonen angefräst. Zu einem Kreis gelegt, bilden sie zuerst eine Art Röhre, die am oberen und unteren Ende durch die Zuspitzung der Hölzer Schlitze erhält. Der letzte Teil der Arbeit passiert dann im Freien. Mit Hilfe von Feuer werden die Bretter erhitzt und somit weich, und das Fass wird in seine typische Form gebogen. Nebeneffekt ist, dass das Holz von innen geröstet wird und sich die Röstaromen auf den Wein übertragen.

Im Gegensatz zu einem Stahltank »lebt« ein Fass. Da durch die Poren des Holzes Sauerstoff nach innen dringt, verdunstet immer ein wenig Wein auf natürlichem Weg, die Fässer müssen daher immer wieder aufgefüllt werden. In jedem Fass lagert sich nämlich jedes Jahr eine Schicht an, die bis zu zwei Zentimeter dick werden kann, der sogenannte Weinstein. Bleibt zwischen diesem und der Wand des Fasses ein Hohlraum, kann der Wein dort verderben. Darum müssen gelagerte Fässer immer voll sein. Auch das Aufbereiten zur Neuauffüllung gehört also zu den Aufgaben eines Fassbinders.

Adresse Seestraße 12, A-7161 St. Andrä am Zicksee, Tel. 0676/5510000, www.fassbinderei.at | **Anfahrt** B 51 über Mönchhof/Frauenkirchen nach St. Andrä, 1. Straße rechts, dann wieder rechts und links auf Lackengasse, an deren Ende links und über die Bahn in die Seestraße, nach 100 Metern rechts | **Öffnungszeiten** nach Vereinbarung | **Tipp** Besonders gut schmeckt der Wein bei einem edlen Abendessen unter freiem Himmel im Landgasthaus Karlo (Seegasse 43) in Illmitz, vor allem, wenn gerade die Sonne über der Tiefebene untergeht.

100__Das Kloster Maria Schutz

Ein Ort der Begegnung

Mit vielem würde man in St. Andrä rechnen, wenn man am kleinen Bahnhof mit dem ortstypischen Raiffeisen-Lagerhaus aus dem Zug steigt, aber nicht mit einem Ort, dessen Atmosphäre an ein griechisches Bergkloster erinnert. Die Rede ist von Österreichs erstem orthodoxen Kloster Maria Schutz. Hier wird man von den Brüdern des Klosters des heiligen Arsenius von Kappadokien freundlich willkommen geheißen. Seit 2015 lebt die Bruderschaft hinter diesen Mauern.

Noch bevor man es betritt, beeindruckt über dem Eingangsportal ein in Handarbeit gefertigtes Mosaik in Form der Ikone »Maria Schutz«, welches von einem Künstler aus Herzegowina angefertigt wurde. Gleich hinter dem Tor der südländisch anmutenden Steinmauer taucht man in eine Welt der Stille und Besinnlichkeit ein, wenn man den wunderschön gepflegten Garten mit den herrlichen Blumen, einem Teich und einer Kapelle betritt. Für alle, die möchten, steht die Tür für ein Gebet oder einfaches Innehalten offen. Das Mutterkloster befindet sich übrigens im griechischen Sinthonia, einer Halbinsel Chalkidikis. Das Kloster in St. Andrä bietet eine Gelegenheit der Begegnung des westlichen Christentums mit dem orthodoxen Glauben.

Der Name »Maria Schutz« geht auf eine Erscheinung des heiligen Andreas zurück, bei der Maria der Überlieferung zufolge versprach, die orthodoxen Christen zu schützen. So steht auch dieses Kloster unter ihrem mütterlichen Schutz, ausgedrückt durch die Ikone »Portaitissa«, die in der wunderschönen St.-Bartholomäus-Kapelle mit der Ikonostase, der Ikonenwand, zu bewundern ist.

Im schattigen Innenhof kann man unter einem griechisch wirkenden Glockenturm Spezialitäten des Klosters wie Kräutertees und Sirupe erwerben und verzehren oder ein philosophisches Gespräch mit den Brüdern führen, bevor man aus der Stille des Klosters in die laute Welt nach draußen zurückkehrt.

Adresse Bahngasse 39, A-7161 St. Andrä am Zicksee, www.orthodoxes-kloster-maria-schutz.at | **ÖPNV** REX bis St. Andrä, Kloster gegenüber dem Bahnhof | **Anfahrt** B 51 bis St. Andrä, an der Hauptstraße Richtung Zicksee abbiegen und in die Bahngasse | **Öffnungszeiten** Mi und Fr–So, Teilnahme am Gottesdienst nach Voranmeldung unter Tel. 02176/40574 | **Tipp** Eine Möglichkeit der Besinnung bietet auch der neue Abschnitt des Jakobswegs von Pamhagen nach Maria Ellend (www.jakobsweg-burgenland.at).

101 Maxi's Imkerei

Die Wanderbienen vom Zicksee

Schon die alten Ägypter schätzten Honig als antibiotisches Heilmittel. Vielen ist allerdings nicht bewusst, wie sehr sich der Standort der Bienen auf den Honig auswirkt. Maksimilijan und Daniela Grgic lassen ihre Bienenvölker zwischen dem Seewinkel, dem Heideboden, dem Hanság und dem Leithagebirge wandern. Da die Bienen hier im UNESCO-Welterbe Neusiedler See fliegen, sind sie vor Pflanzenschutzmitteln geschützt und produzieren einen hervorragenden Honig. Die Marktgemeinde St. Andrä hat den Imkern wunderschöne Ganzjahresstandplätze am und um den Zicksee zur Verfügung gestellt. Eine Win-win-Situation für die Landwirte, da diese mehr Ertrag bekommen und die Bienen genug Futter für das ganze Jahr finden.

Maksimilijan und Daniela Grgic betreiben die Wanderimkerei seit 2013. Neben der Erzeugung von Honig und diversen Bienenprodukten haben sie sich auf die Bienenzucht spezialisiert. Wer schon immer mit der Imkerei geliebäugelt hat, sich aber bisher nicht traute, kann hier das Imkern erlernen. Die beiden jungen Imker stehen Anfängern das ganze Jahr über mit Rat und Tat zur Seite und geben wertvolle Informationen.

Alle, die in der Gegend rund um den Zicksee Urlaub machen, können in den Monaten Mai bis August jeden zweiten Samstag im Monat nach Anmeldung bei Bienenführungen mitmachen. Der Honig wird direkt aus dem Bienenstock entnommen und nach der Führung vor Ort verkostet. Den Bienen selbst wird übrigens auch genug Honig überlassen, da er in den Wintermonaten wichtig für ihre eigene Ernährung ist.

Daniela und Maksimilijan produzieren auch Bienenwachsprodukte sowie zahlreiche Sorten von Honigwein. Dieser »Met« genannte Wein ist ein alkoholisches Getränk aus Honig und Wasser, denn Honig gärt bei hoher Feuchtigkeit. Auch dies war den Ägyptern bereits bekannt. Met genoss bis zum Aufkommen von Wein und Bier im Mittelalter einen hohen Stellenwert. Für Kinder gibt es übrigens Honigsaft.

Adresse Maxi's Imkerei, Bahngasse 10, A-7161 St. Andrä am Zicksee, Tel. 0650/9675898, www.maxis-imkerei.at | **Anfahrt** B 51 bis St. Andrä, in der Ortsmitte in Richtung Kirche, bei der v-förmigen Gabelung am Ende der Hauptstraße in Bahngasse | **Öffnungszeiten** nach Vereinbarung, Onlineshop rund um die Uhr | **Tipp** Auch auf der anderen Seeseite gibt es Qualitätshonig und Honigerlebnisführungen, beispielsweise bei den Gebrüdern Tötschinger (Obere Hauptstraße 27).

102__ Der Obsthof

Alles Apfel in St. Andrä

Wo gibt es heutzutage noch direkt Äpfel vom Baum? Die frisches-
ten vermutlich auf dem Apfelhof der Familie Leeb in St. Andrä am
Zicksee. Der Hofladen liegt nur wenige hundert Meter von einem
der Apfelgärten entfernt. Auch die anderen Gärten liegen zwischen St. Andrä, Wallern und Tadten. Auf zehn Hektar Ackerfläche
wachsen hier zahlreiche Apfelsorten, vom Klarapfel Early Gold, der
frühesten Sorte im Jahr, bis hin zur Wintersorte Mariella. Gegen
Voranmeldung kann man sich die Äpfel im nahe gelegenen Apfel-
garten sogar selbst vom Baum pflücken!

Einen Teil der Äpfel verarbeitet Familie Leeb zu köstlichem
Apfelsaft. Für einen Liter Saft werden knapp zwei Kilogramm Äpfel
gepresst – und das sortenrein, damit man die Unterschiede der verschiedenen Sorten auch wirklich schmeckt. Die Säfte werden natur-
trüb gelassen, das heißt, sie werden nach dem Pressen nicht gefiltert.
Dadurch bleiben wertvolle Nährstoffe wie Antioxidantien enthalten. Ein Glas naturtrüber Apfelsaft vor dem Frühstück bringt auch
einen trägen Darm wieder in Schwung. Allerdings sind die natur-
trüben Säfte süßer, sodass man sie besser gespritzt trinken sollte. Die
Säfte sind so gut, dass sie gleich mehrere Prämierungen eingeheimst
haben. Ein Geheimtipp für den heißen Seewinkel ist im Sommer
das selbst gemachte Apfeleis aus naturtrübem Apfelsaft – wie man
das ganz leicht herstellen kann, erklären die sympathischen Apfel-
bauern auf ihrer Homepage.

Bei »Alles Apfel« bekommt man aber noch mehr: Apfelchips,
Apfelmarmelade, Apfelschnaps, Apfelessig und sogar Gewürze.
Gegen Voranmeldung kann man den Schaugarten besichtigen
und sich in den zahllosen Reihen verlaufen. Wer es nicht bis nach
St. Andrä am Zicksee schafft, kann im Onlineshop einkaufen – auch
mehrere regionale Geschäfte wie das »Hansagfood« (siehe Ort 64)
oder das »Kaufhaus am See« in Podersdorf führen die Säfte der
Familie Leeb.

Adresse Obstbau Familie Leeb, Wiener Straße 40, A-7161 St. Andrä am Zicksee, »Apfelhotline« 0664/4513614, www.allesapfel.at | **Anfahrt** B 51 von Frauenkirchen Richtung St. Andrä, »Alles Apfel«-Zentrale am Ortsanfang links vom Kreisverkehr | **Öffnungszeiten** Jan.–Juli Fr, Sa 9–17 Uhr, Aug.–Dez. Do–So 9–17 Uhr | **Tipp** Wer sich auf der Fahrt nach St. Andrä mit Gemüse und anderen regionalen Produkten eindecken möchte, sollte der »Grünen Ecke« in Illmitz (Obere Hauptstraße 46) einen Besuch abstatten. Es gibt unzählige Sorten von frischem Obst und Gemüse, Säfte, Marmeladen, Chutneys oder Milchprodukte.

103__ Der Seewinkler Biosafran
Ein Schatz im Acker

Am Anfang stand eine Fernsehdoku über Safrananbau im Iran. »Das könnten wir hier auch«, dachte sich Dominik Berger, ursprünglich Getreidebauer, aus St. Andrä. Denn das Klima im persischen Hochland ist dem im Seewinkel gar nicht so unähnlich. Der Versuch begann mit dem Anbau von 1.000 Safranknollen im Garten seiner Eltern. Hürden wie ein zu früher Wintereinbruch im ersten Jahr liegen lange hinter ihm. Mittlerweile bewirtschaftet Berger über 0,3 Hektar Ackerland mit Safran – diese Fläche wächst alle zwei Jahre aufgrund der Eigenvermehrung der Sprossknollen auf das Dreifache an. Das ganze Jahr über muss das Unkraut am Feld händisch beseitigt werden, weil der Safran sonst nicht wächst.

Auch die Ernte des teuersten Gewürzes der Welt ist extrem aufwendig und nimmt viel Zeit in Anspruch. In jeder violetten Blüte stecken nur drei Safranfäden, die behutsam händisch herausgezupft werden müssen. Nach dem Pflücken werden die Fäden an der Luft getrocknet. Für 0,5 Gramm Safran braucht man bis zu 75 Blüten, für ein Kilogramm bis zu 150.000 Krokusse!

Dies erklärt, wieso ein Gramm echten Safrans zwischen sieben und 30 Euro kostet. Er ist seit jeher das am meisten gefälschte Gewürz der Welt. Man schätzt, dass bis zu 90 Prozent der gefälschten Ware in Wirklichkeit aus anderen Blüten oder getrockneten Fleischfasern hergestellt oder mit Zuckersirup beschwert werden. Fälscher, sogenannte »Safranschmierer«, wurden früher sogar mit dem Tod bestraft.

Safrankrokusse sind mit Gartenkrokussen verwandt, blühen aber erst im Spätherbst. Der richtige Zeitpunkt für die Ernte, zumeist ab Mitte Oktober, darf nicht verpasst werden. Diese erfolgt kurz bevor der Safran voll aufblüht, da die Sonne dem Aroma schaden würde. Safran wirkt verdauungsfördernd und krampflindernd und schmeckt herrlich zu Reis oder anderen Gerichten. Pro Portion genügen wenige Fäden im Kochwasser.

Adresse Dominik Berger, Tadtenerstraße 15, A-7161 St. Andrä am Zicksee, Tel. 0699/10678949, office@seewinkler.biosafran.at, www.seewinkler-biosafran.at | **Anfahrt** B 51 nach St. Andrä, in Ortsmitte auf Hauptstraße in Richtung Tadten abbiegen und dem kurvigen Straßenverlauf folgen | **Öffnungszeiten** nach Vereinbarung, Onlineshop rund um die Uhr | **Tipp** Safran genießen kann man auch in der Mole West (Seegelände 9) in Neusiedl am See. In diesem chilligen Lokal werden viele der exotischen Gerichte mit Bergers Biosafran verfeinert.

104___Der Skulpturenpark

Stein in der Hand und Wind um die Nase

Wer die berühmten Opernfestspiele verpasst hat, kann in St. Margarethen auch ein Kunst- und Naturfestspiel der etwas anderen Art genießen. Auf dem Südwesthang des St. Margarethener Kogels stehen die 50 Steinskulpturen des Skulpturenparks. Warme Kleidung sei empfohlen, denn auf der Anhöhe bläst sehr oft ein starker Wind. Dafür genießt man von ganz oben einen unglaublichen Blick auf den See. Der Kogelberg bietet übrigens nicht nur Kunstinteressierten, sondern auch einer lebhaften Zieselkolonie ein Refugium.

Der Ursprung des Projekts war ein Grenzstein, den Bildhauer Karl Prantl 1959 für die österreichisch-ungarische Grenze im Auftrag des Burgenlandes schuf. Er arbeitete damals im Römersteinbruch und lud Kollegen dazu ein, ebenfalls in der Natur zu arbeiten. Dort entdeckte er die Reize der bildhauerischen Arbeit im Freien, die sich von der Ateliersarbeit deutlich unterscheidet. Karl Prantl schrieb dazu um 1959 sinngemäß: »Es geht auch um Freiwerden von vielen Zwängen, Engen und Tabus.«

Gemeinsam mit Kollegen organisierte er schließlich ein Bildhauersymposium, zu dem Künstler dies- und jenseits des Eisernen Vorhangs eingeladen wurden. Dieses Symposium gilt als Geburtsstätte zahlreicher weiterer Veranstaltungen dieser Art.

Die Kunstwerke sind für Besucher frei zugänglich. Man kann sie nicht nur betrachten, sondern darf sie sogar angreifen oder beklettern, um seine Jause auf ihnen zu essen und den Blick in die Landschaft zu genießen. Es war Karl Prantls ausdrücklicher Wunsch, dass die Kunstwerke für alle da sein sollen. Schautafeln an den Eingängen informieren über die einzelnen Werke, zu denen nicht nur erstaunlich pittoreske Statuen, sondern auch ein tiefer Graben – »die japanische Linie« –, bizarre Felsformationen, ein bekletterbarer Steingarten oder eine Brücke gehören. Wählt man den 60 Minuten dauernden Rundweg, kann man sie alle bewundern. Auch am Bildhauerhaus, in dem früher gearbeitet wurde, kommt man dann vorbei.

Adresse Kogelberg, A-7062 St. Margarethen | **Anfahrt** B 52 von Eisenstadt kommend durch St. Margarethen, am unteren Opernparkplatz parken und Fuß-/ Radweg Richtung Rust nehmen, bei der Schautafel links in den Wald; oder beim oberen Parkplatz nach dem Festspielplatz links in »Römersteinbruch« einbiegen, dort parken und auf den Kogel | **Öffnungszeiten** rund um die Uhr, bei Dunkelheit wegen Stolpergefahr nicht zu empfehlen | **Tipp** Wem der Neusiedler See zu schlammig ist: In St. Margarethen gibt es einen herrlichen kleinen, wenig frequentierten Badeteich mit klarem Wasser.

105__Das Teufelsloch

Versteck mit viel Geschichte

Man sieht sie erst, wenn man ganz am Ende des Pfades um die Ecke biegt: die beeindruckende Naturhöhle mit dem übermannshohen Eingang, der von mächtigen Steinen begrenzt wird. Gute zehn Meter ragt die Felskante in die Höhe und gibt zwischen den großen Gesteinsbrocken den Weg in die Höhle frei. Diese ist ungefähr 40 Meter lang und heißt mit ihrem geologischen Namen Sulzberghöhle.

Am Höhleneingang erinnert eine Gedenktafel an die bewegte Geschichte: Als die russischen Besatzer am Ende des Zweiten Weltkrieges das Burgenland einnahmen, kam es zu Plünderungen und schweren Verbrechen insbesondere gegen die weibliche Zivilbevölkerung. Ein Teil der Ortsbevölkerung von Stotzing und Loretto, vor allem Frauen und Kinder, versteckte sich hier 14 Tage lang.

Das Teufelsloch befindet sich in einem aufgelassenen Steinbruch zwischen Loretto und Stotzing. Früher gab es in fast jedem Ort des Leithagebirges einen Steinbruch. Die Aushöhlung entstand durch den gezielten Abbau von porösem Leithakalk unter einer ebenfalls aus Leithakalk bestehenden kompakteren Decke. Beim Eingang befindet sich ein Rastplatz mit einem Tisch und zwei Bänken.

Die Umgebung besticht durch unberührte Natur und große Tier- und Pflanzenvielfalt. Es kann durchaus vorkommen, dass man der seltenen, bis zu zwei Meter langen Äskulapnatter begegnet. Diese ist trotz ihrer beeindruckenden Größe ungiftig. Auch seltene Pilzarten wie die Böhmische Verpel und der Erdstern sowie Tollkirschen wachsen in den einsamen Wäldern, im Zweifel sollte man also keine Beeren pflücken. Umgeben ist die Höhle von Felswänden, die an Korallenriffe erinnern. Geologen fanden in diesem Bereich eine ein bis zwei Meter dicke Schicht aus Steinkernen von Isognomon-Muscheln (Flügelmuscheln) aus dem Erdzeitalter Quartär, das vor 2,6 Millionen Jahren begann. Leider wurden viele Fossilien bereits herausgebrochen, sodass man als Laie keine mehr findet.

Adresse im Wald zwischen Stotzing und Loretto, am Leitharadweg B 11, A-2443 Stotzing | **Anfahrt** L 213 bis Loretto, zum höchsten Punkt der Esterházyschen Waldrandsiedlung fahren, dort parken und zu Fuß auf dem Feldweg über die Wiese in den Wald gehen, nach 200 Metern scharfe Linkskurve, dem Wegweiser folgen, nach weiteren 100 Metern rechts Pfad zum Teufelsloch | **Öffnungszeiten** rund um die Uhr | **Tipp** Etwas weiter südlich, zwischen Stotzing und Loretto, befindet sich mit der Kürschnergrube eine weitere eindrucksvolle Naturhöhle. Sie liegt am Weitwanderweg 02 und ist auch mit Kinderwagen erreichbar.

106 Die Schafzucht Hautzinger

Alle Schäfchen unter einem Dach

Eigentlich wollte Wolfgang Hautzinger Priester werden – doch das Leben wies ihm einen anderen Weg, über Schäflein zu wachen. Gemeinsam mit seiner Frau eröffnete er auf seinem Hof die Bio-Schafzucht Hautzinger, die bis weit über die Grenzen des Seewinkels hinaus bekannt ist.

Begonnen hat Wolfgang 1996 mit fünf Milchschafen, inzwischen zählt seine Herde 250 Tiere, die so sehr an seine Stimme gewöhnt sind, dass sie sich sofort entspannen, wenn er mit ihnen spricht. Die Schafe fressen in erster Linie Heu, und im Winter knabbern sie an Nadelbäumen, aus denen sie die gesunden ätherischen Öle aufnehmen. Bio beginnt hier schon beim Futter, das die Hautzingers auf den eigenen Wiesen mähen. Jeden Morgen nach dem Melken wird die frische Milch in der Hofkäserei verarbeitet. In der »Winterpause« werden die Schafe nicht gemolken. Ansonsten leben sie in großen Offenställen, liegen im Stroh, die Lämmer tollen durchs Heu. Nicht umsonst haben die Hautzingers den Burgenländischen Tierschutzpreis für besonders tiergerechte Haltung bekommen.

In ihrem seit 14 Jahren biozertifizierten Betrieb stellen Wolfgang und seine Frau Christa zahlreiche Käse- und Milcherzeugnisse her: von Frischkäse über Schafscamembert bis hin zu Joghurt und Aufstrichen. Highlights sind der Rohmilch-Schafkäse mit Tomate und Basilikum oder Kräutern sowie der in Öl eingelegte Schafkäse. Schafmilch ist in ihrer Zusammensetzung für den Menschen besser verträglich und leichter verdaulich als Kuhmilch und kann daher auch von Menschen mit Kuhmilchunverträglichkeit genossen werden.

Das Ziel ist stets der direkte Weg zum Kunden. Daher können die Produkte auch direkt am Hof verkostet und erworben werden. Man bekommt sie allerdings auch auf regionalen Märkten, in Bauernläden, bei Hansagfood (siehe Ort 64) und sogar beim Biomarkt »denn's«.

Adresse Jägerweg 15, A-7162 Tadten, Tel. 02176/2693, www.schafzucht-hautzinger.at |
Anfahrt B 51 bis St. Andrä, in der Ortsmitte auf Hauptstraße abbiegen und bis Tadten
fahren, beim Gemeindeamt rechts auf Jägerweg, 4. Straße rechts auf Baumstücklweg,
dort Eingang | **Öffnungszeiten** März–Okt. Mo–Do und Sa 8–13 Uhr, Fr 8–18 Uhr,
Nov.–Feb. nach telefonischer Vereinbarung | **Tipp** Das »Kaufhaus am See« in Podersdorf
führt hauptsächlich Produkte, die von Campern benötigt werden. Für die gesunde Jause
am See hat es Hautzingers Schafkäse im Kühlregal.

107 Der »Holz Floh«

Einmal selbst Holzarbeiter sein

Schreibtischmenschen, die immer schon mal etwas mit ihren Händen machen wollten und den Duft von Holz lieben, sollten zum Erlebnis-Holzschneiden zum »Holz Floh« fahren. Alles andere als Flohgröße hat der Sägespaltautomat Posch Spaltfix K-650 Vario Mobil, den man dabei bedient. Es handelt sich bei ihm um einen der größten derzeit am Markt erhältlichen Schneidspalter, der in der Nähe des ehemaligen Flugplatzes Trausdorf in einer Rundbogenhalle steht. Über einen Kettenzug werden die frischen Baumstämme herangerollt und durch Säge und Spalter gejagt, die sich bequem von einem Führerhäuschen aus steuern und bedienen lassen. Das riesige Werkzeug schneidet aus den gewaltigen Baumstämmen Holzscheiben, als wären es Zahnstocher.

Keine Sorge, obwohl der Posch Spaltfix so groß ist wie ein Dinosaurier, kann man kein Unheil anrichten. Die Besitzer Florian Andronik oder Martina Rauner stehen daneben und geben Anweisungen. Wer immer schon mal mit »schwerem Gerät« arbeiten wollte, ist hier genau richtig. Man spürt die Zufriedenheit, wenn Holzscheit um Holzscheit in den dafür bereitgestellten Korb purzeln. Außerdem darf man auch Radlader fahren und bekommt eine kleine Führung auf dem Betriebsgelände. Zur Erinnerung gibt es einen Holzscheit mit Brandstempel samt Urkunde mit nach Hause. Der ganze Spaß dauert circa zwei Stunden und kostet 199 Euro.

Auch wenn das frisch geschnittene Holz nicht zum Mitnehmen gedacht ist, kann man beim »Holz Floh« trockenes Ofenholz oder eine Feuerschalenkombi kaufen. Das Holz stammt aus österreichischen Wäldern im Burgenland, der Steiermark und Niederösterreich. Das gesamte Holz, das der »Holz Floh« verarbeitet, ist PEFC-zertifiziert und eine Alternative zu fossilen Brennstoffen. Selbstverständlich wird das Holz auch geliefert. Über den Onlineshop kann man sein Holz für die nächste Heizsaison bestellen. Die beim Sägen entstehenden Späne werden übrigens zu Briketts.

Adresse Betriebsgebiet Hutweide 9, A-7061 Trausdorf an der Wulka, Tel. 0660/4846827, www.derholzfloh.at | **Anfahrt** B 52 nach Trausdorf, in der Kurve nach der Wulkabrücke rechts auf Flugplatzstraße, diese bis zum Ende fahren, dann Rechtskurve und nach der grauen Halle links auf Schotterweg abbiegen, »Holz Floh« beim roten und grünen See-container | **Öffnungszeiten** nur nach telefonischer Vereinbarung | **Tipp** Wer einen burgenländischen Qualitätschristbaum selbst schlagen möchte, kann das in der begehbaren Kultur von Karl Bauer in Sieggraben tun (www.deinchristbaum.at).

108__ Die Naturbackstube

Brot mit Leidenschaft

Lieben Sie auch den Geschmack von frisch gebackenem Brot? Dann sollten Sie die Naturbackstube von Elisabeth Unger in Wallern aufsuchen.

Alles begann mit einem Steinbackofen, den die Brotbäuerin im Jahr 2002 von ihrem Ehemann geschenkt bekam. Vorerst waren ihre Verwandten die Einzigen, die in den Genuss ihrer Backwaren kamen. Da sich die Backstube zunächst im Keller befand, baute Elisabeths Ehemann Heinrich Unger kurzerhand das Haus um. Bald war ihr gutes Brot in aller Munde. Es folgten zwei weitere Backöfen und eine Knetmaschine, für die sie eine Förderung vom Burgenland und der EU erhielt. Anfangs kaufte Elisabeth das Mehl zu. Nach der genialen Idee, das Getreide selbst anzubauen und zu vermahlen, war ihr Mann Heinrich Unger nicht mehr »nur« Landwirt, sondern auch Müller – die Familie kaufte eine Mühle, die jedoch auch bald zu klein wurde. Heute steht eine drei Meter große Steinmühle in einer umfunktionierten Garage.

Für ihr Brot verwendet Elisabeth Unger ausschließlich im pannonischen Klima ausgereifte Getreidekörner aus umweltschonendem eigenen Anbau. Sie hat sich auf alte Getreidesorten wie Einkorn, Dinkel, Khorasan, Waldstaudenrotten und Rotweizen spezialisiert. Das Frischvermahlen der Körner in der hauseigenen Steinmühle sorgt für einen einzigartigen Geschmack, der sich im Steinbackofen vollendet. Ihr Mann Heinrich kümmert sich ums Ackern, die Aussaat, die Ernte, das Dreschen und das schonende Vermahlen zu wertvollem Vollkornmehl und damit um die Basis für das spätere Brot.

Natürlich gibt es auch hefe- oder glutenfreie Backwaren, und zwar solange der Vorrat reicht. Und das Tollste ist: Man bekommt das herrliche Brot auch außerhalb der Öffnungszeiten der Backstube im Hofladen in der Pamhagener Straße, wo auch frisches Obst und Gemüse vom Feld verkauft wird. Bezahlen kann man ganz unkompliziert an der eingebauten Kassa.

Adresse Naturbackstube im Seewinkel Elisabeth Unger, Pamhagener Straße 35, A-7151 Wallern, Tel. 0650/7151066, www.naturbackstube.com | **Anfahrt** B 51 bis Wallern, am Kreisverkehr Richtung Pamhagen abbiegen, an der Kirche vorbei, Naturbackstube kurz vor Ortsende links | **Öffnungszeiten** Hofladen ganzjährig außer Aug. täglich | **Tipp** Neben dem Hofladen befinden sich die Rührwerkstatt und der Verkaufsraum von KrisMar Seewinkler Naturkosmetik (www.krismar.at).

109 __ Das Fritz

Köstlich speisen mit weitem Horizont

Der Trend, die Seebäder mittels guter Gastronomie attraktiver zu machen, hält an. Seit 2019 hat auch das gemütliche Weiden einen absoluten Gourmet-Hotspot, der jedoch nicht abgehoben ist. Direkt nebenan befindet sich nämlich das Strandbad, sodass man hier das Beste aus beiden Welten kombinieren kann. Zudem gibt es im »Fritz« einen großen Kinderspielplatz mit versunkenen Piratenschiffen. Daneben können die Erwachsenen an der Bar oder in bereitgestellten Liegestühlen in Sichtweite ein kühles Getränk genießen. Eine weitere Besonderheit ist der tief in den See ragende Steg, auf dem oft Hochzeitsfotos gemacht werden. Nur wenige Kilometer nordwestlich, in Neusiedl am See, befindet sich übrigens der Punkt, an dem man beim Blick über den See das andere Ende nicht mehr erkennen kann, weil die Erdkrümmung dort acht Meter beträgt.

Auch die Architektur des »Fritz« sticht ins Auge: Bei der Planung wurde von Anfang an auf eine ökologische Bauweise und eine optimale Einbettung in die sensible Uferzone des Neusiedler Sees geachtet. Das dunkle Holz zur Seeseite hin verbindet sich optisch mit dem Schilf, die Stufen der Lärchenholzterrasse sind großzügig beschattet, und wenn man in der ersten Reihe sitzt, hat man das Gefühl, fast allein inmitten der Natur zu sein. Hier öffnet sich ein wunderschöner Blick auf den offenen See, den man verträumt durch ein Weißweinglas betrachten kann. Oder man schaut den Segelschiffen in der Marina zu.

Chef Fritz Tösch, den man auch vom Landgasthaus am Nyikospark kennt, interpretiert hier die pannonische Küche neu. Neben Klassikern wie der Fischsuppe und gehobener Küche gibt es rund um die Uhr frische Salate und kleine Häppchen wie überbackene Brote. Im Obergeschoss sowie dem offenen »Oberdeck« finden laufend attraktive Veranstaltungen statt, die Weiden auch zu einem Kultur-Hotspot am Neusiedler See machen.

Adresse Seebad 1, A-7121 Weiden am See, Tel. 02167/40222, www.dasfritz.at | **ÖPNV**
Regionalzüge nach Fertőszentmiklós und Anschlusszüge von Neusiedl am See, Haltestelle
Seebad Weiden | **Anfahrt** B 51 bis Weiden, in der Ortsmitte Richtung Seebad auf Seestraße
abbiegen, »Fritz« nach 1,6 Kilometern | **Öffnungszeiten** täglich 9–24 Uhr, Frühstück ab
9 Uhr, warme Küche 12–22 Uhr | **Tipp** Mit etwas Glück verwandelt sich der Neusiedler
See im Winter in einen der größten Eislaufplätze. Ein attraktiver Zustieg befindet sich im
Seebad Weiden (Eistelefon unter 02167/7427, www.weidenamneusiedlersee.at). Eine Alter-
native ist der Mini-Eislaufplatz »Joiser Eiszauber« am Hauptplatz in Jois.

110___Das Steckerlfisch

Fischers Fischwilli grillt frische Fische

Es gibt kaum einen Ort am »Meer der Wiener«, der so sehr an einen Urlaub an der Adria erinnert wie das »Steckerlfisch« an der B 51 zwischen Neusiedl am See, Weiden und Gols. In den 60er Jahren als Fischbraterei gegründet, war es noch in den 80er Jahren eine einfache Fischhütte. Dennoch war es schon damals ein Geheimtipp für Ausflügler und Touristen. Betritt man den lauschigen Gastgarten – idealerweise an einem Sommerabend –, versinkt das Rauschen der nahen Bundesstraße hinter den hohen Bäumen. Ein Wintergarten sorgt für Windschutz, während die Makrelen der Familie Jandl über echter Holzkohlenglut behutsam gedreht werden.

Als Steckerlfisch werden nur Makrelen zubereitet; nicht aus dem Neusiedler See, sondern aus dem Nordmeer. Ihr hoher Gehalt an Omega-3-Fettsäuren macht ihr zartweißes Fleisch zu einer sehr gesunden Mahlzeit, insbesondere für Herz- und Gefäßkranke. Auch der Geschmack (die Hausgewürzmischung enthält 13 verschiedene Gewürze) ist herrlich und erinnert an den Süden. Serviert werden die Fische wie anno dazumal auf Zeitungspapier, idealerweise mit dem selbst gebackenen Pusztabrot, Pommes, Sauergemüse oder frischen Salaten vom Buffet. Natürlich werden mittlerweile auch andere Speisen angeboten, beispielsweise ein zartes Saiblingsfilet, ebenfalls vom Holzkohlengrill. Vegetarier oder Veganer schätzen Bandnudeln oder Reis mit regionalem Gemüse. Weil Fisch auch schwimmen soll, gibt es neben dem eigens gebrauten Steckerlfischbier eine Auswahl regionaler Weine, beispielsweise den »Steckerlfischwein«, einen Welschriesling, der direkt gegenüber gelesen wird.

Obwohl die Gaststube mit ihrem großen Wintergarten maritimes Flair aufweist, gibt es auch Stammgäste, die sich den Fisch holen und zu Hause verspeisen. Für Urlaubsgäste, die nicht über einen eigenen Grill verfügen, ist dies also eine perfekte Gelegenheit, trotzdem am Abend im Garten gegrillten Fisch zu verspeisen. Ganz maritim ist das »Meereskörbchen« mit Tintenfischringen und Garnelen.

Adresse Gasthaus Steckerlfisch, B 52/Ecke Forstgartenstraße 1, A-7121 Weiden am See,
Tel. 0676/4142597, www.steckerlfisch.at | **Anfahrt** A 4, Abfahrt Gols/Weiden, Auto-
bahnzubringer bis zum Kreisverkehr, 1. Straße rechts Richtung Weiden/Neusiedl am
See, »Steckerlfisch« nach circa einem Kilometer links, Zufahrt über Forstgartenstraße |
Öffnungszeiten Ende März–Nov. Mi–So, Okt., Nov. Fr–So 11–21 Uhr, am Wochenende
Reservierung empfohlen | **Tipp** 200 Meter weiter zweigt rechts von der B 51 ein Feldweg
ab, der nach 800 Metern zu einer beeindruckenden Felswand führt. Die zahlreichen Löcher
darin sind Brutplätze für Bienenfresser, schöne, kolibriähnliche Vögel, deren Federkleid in
Gelb, Blau und Grün schillert.

111 Die Kanutouren

Auf ein paar Brettern über den Grenzfluss

Die Geschichte der Leitha ist untrennbar mit der des Burgenlandes verbunden. Die Leitha entsteht im niederösterreichischen Lanzenkirchen aus dem Zusammenfluss von Schwarza und Pitten und mündet bei Mosonmagyaróvár in die Donau. Ab Bruck an der Leitha bildet sie die Grenze zwischen Niederösterreich und dem Burgenland. Der Name stammt möglicherweise aus der langobardischen Zeit und bedeutet »lehmiger Fluss«. In Transleithanien, also im Königreich Ungarn jenseits der Leitha, befanden sich bis 1921 die meisten Gemeinden des Leithagebirges – ausgenommen die zur ehemaligen Herrschaft Scharfeneck gehörenden Orte Au, Hof, Mannersdorf und Sommerein. Bis zu Maria Theresias Zeiten galt die Leitha mit ihren Sümpfen als schwer überwindbares Gebiet. Schon unter den Römern führte der Weg von Scarbantia (Ödenburg) am Leithagebirge vorbei, überquerte bei Leithaprodersdorf den Fluss und verlief von dort weiter bis nach Vindobona (Wien). Strategisch war Wimpassing stets ein wichtiger Punkt.

Die Leitha als Seichtwasserfluss mit langsamer Fließgeschwindigkeit eignet sich besonders zum Kanufahren. Bisam Jimm's ist hier die richtige Adresse für alle, die einmal ein etwas wilderes Gewässer als einen Neusiedler-See-Kanal per Kanu erkunden wollen. Geführte Touren bieten auch ungeübten Kanuten und Anfängern ein einzigartiges Naturerlebnis. Bei längeren Touren kann man sogar in einem Tipi übernachten. Die Leitha mit ihrem mäandrierenden Flussverlauf hat viele naturbelassene Ufer, die eine Vielfalt an Naturschätzen bieten. Für Abenteuer sorgen sich ständig verändernde Wasserstände, abgestorbene Bäume und Umtragestellen.

Der ursprünglichste Teil der Leitha beginnt bei Bruckneudorf. Zwischen Gattendorf und Nickelsdorf bildet die Leitha mit der Kleinen Leitha die Leithainsel mit urwaldähnlichem Aubiotop, sodass man bei einer Kanufahrt auf dem Fluss immer wieder Neues erlebt. Die Standardroute verläuft zehn Kilometer von Wimpassing nach Seibersdorf.

Adresse Bisam Jimm's Tipi & Kanutouren, Johannes Reichenstorfer, Hauptstraße 33, A-2485 Wimpassing an der Leitha, Tel. 0699/10260602, www.bisamjimm.at | **Anfahrt** B 16 bis Wimpassing, dann auf die Hauptstraße, Kanustation hinter dem Tennisplatz | **Öffnungszeiten** Mai – Sept. nach telefonischer Vereinbarung ab 10 Uhr | **Tipp** Eine sehr schöne, familienfreundliche Etappe des 55 Kilometer langen Leitharadweges B 11 (Eisenstadt–Loretto) ist die Strecke zwischen Wimpassing und Loretto mit der berühmten Basilika Maria Loretto als Ziel.

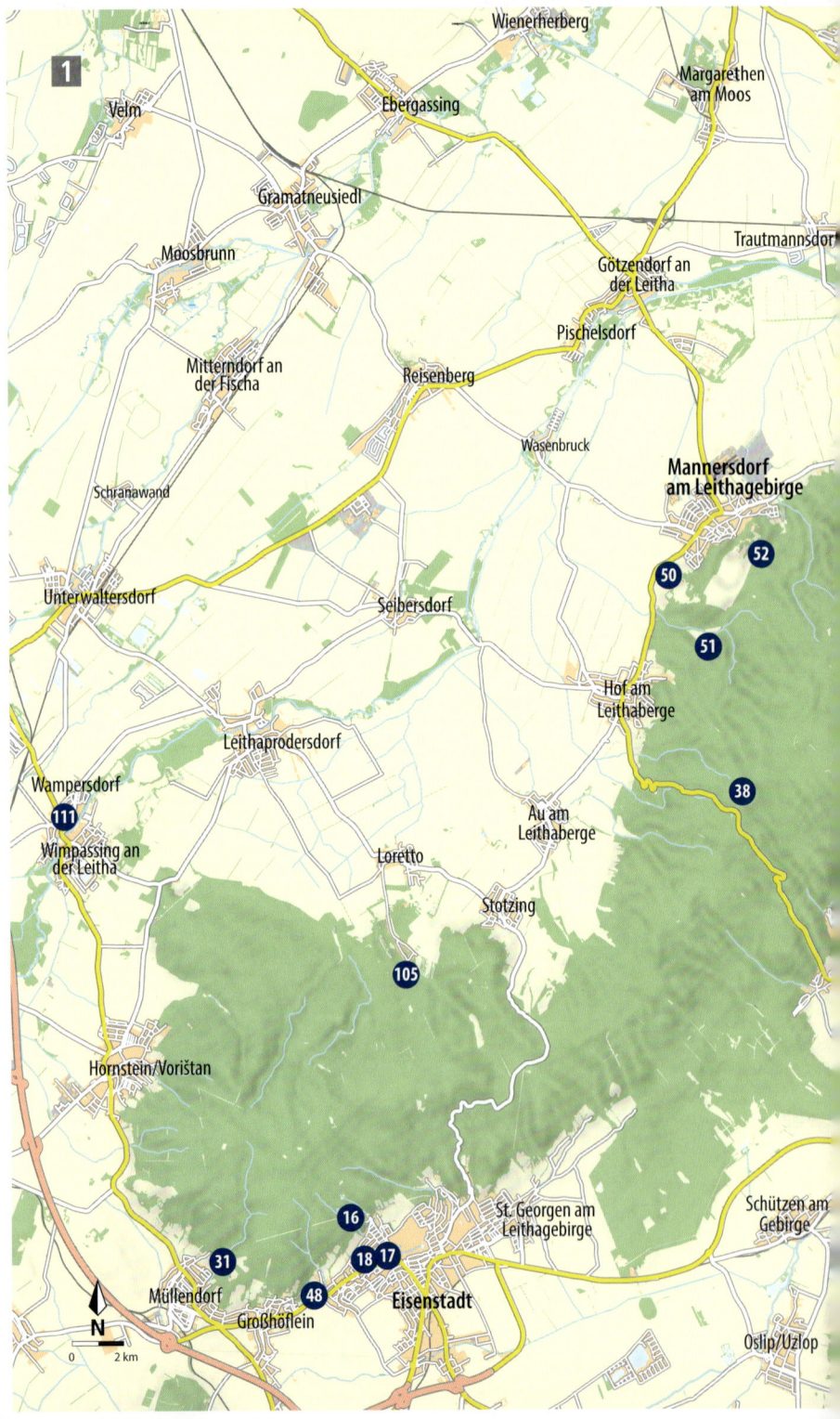

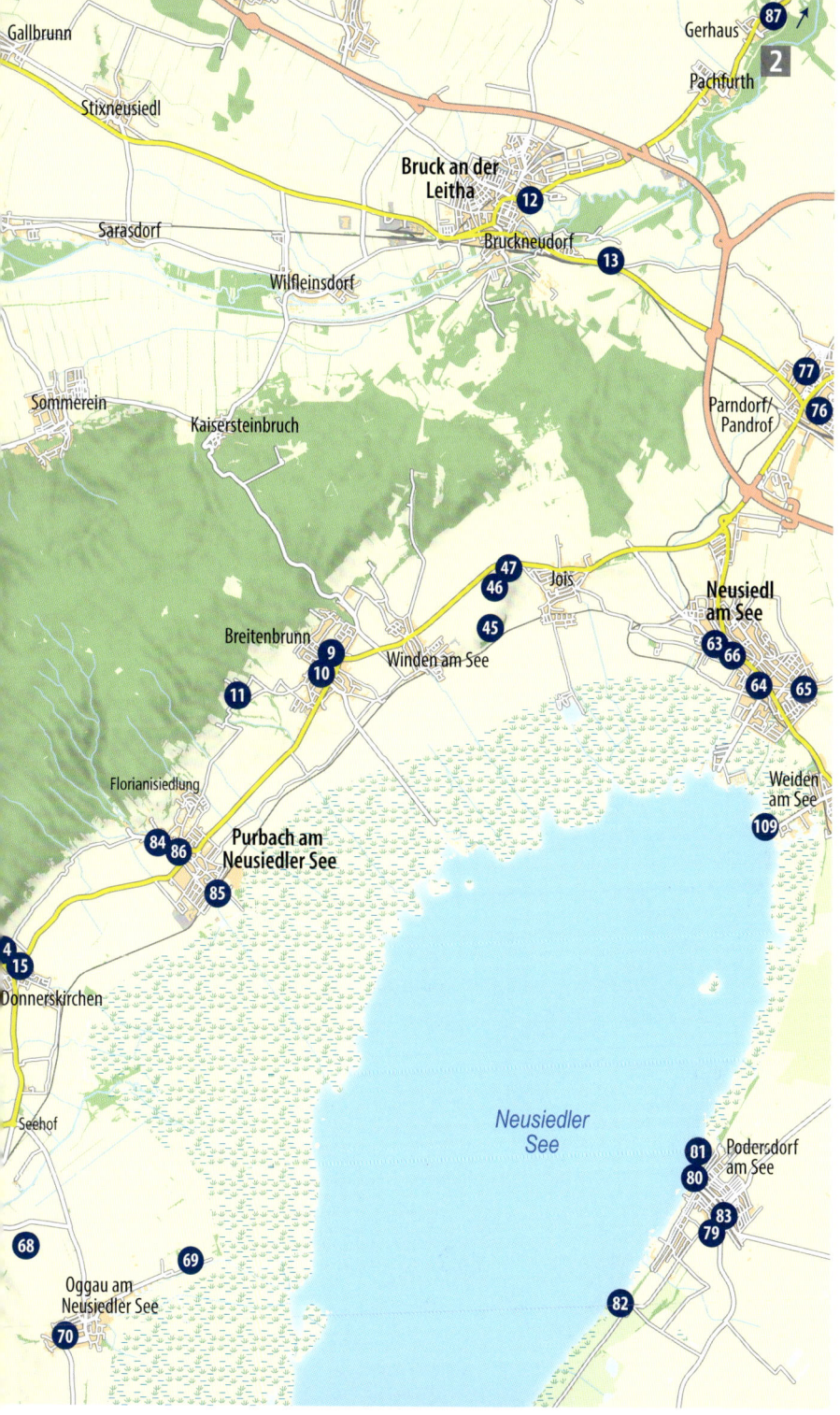

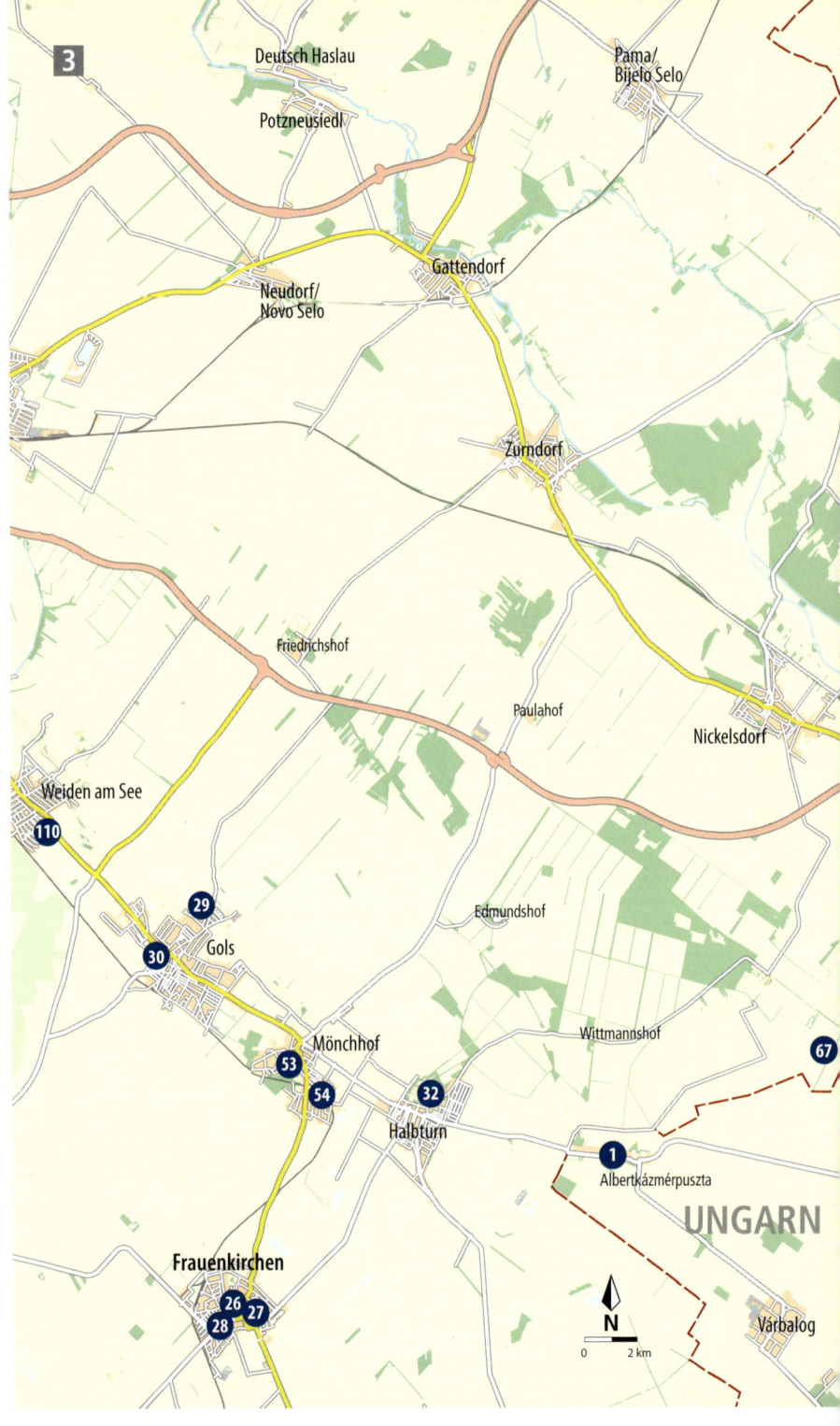

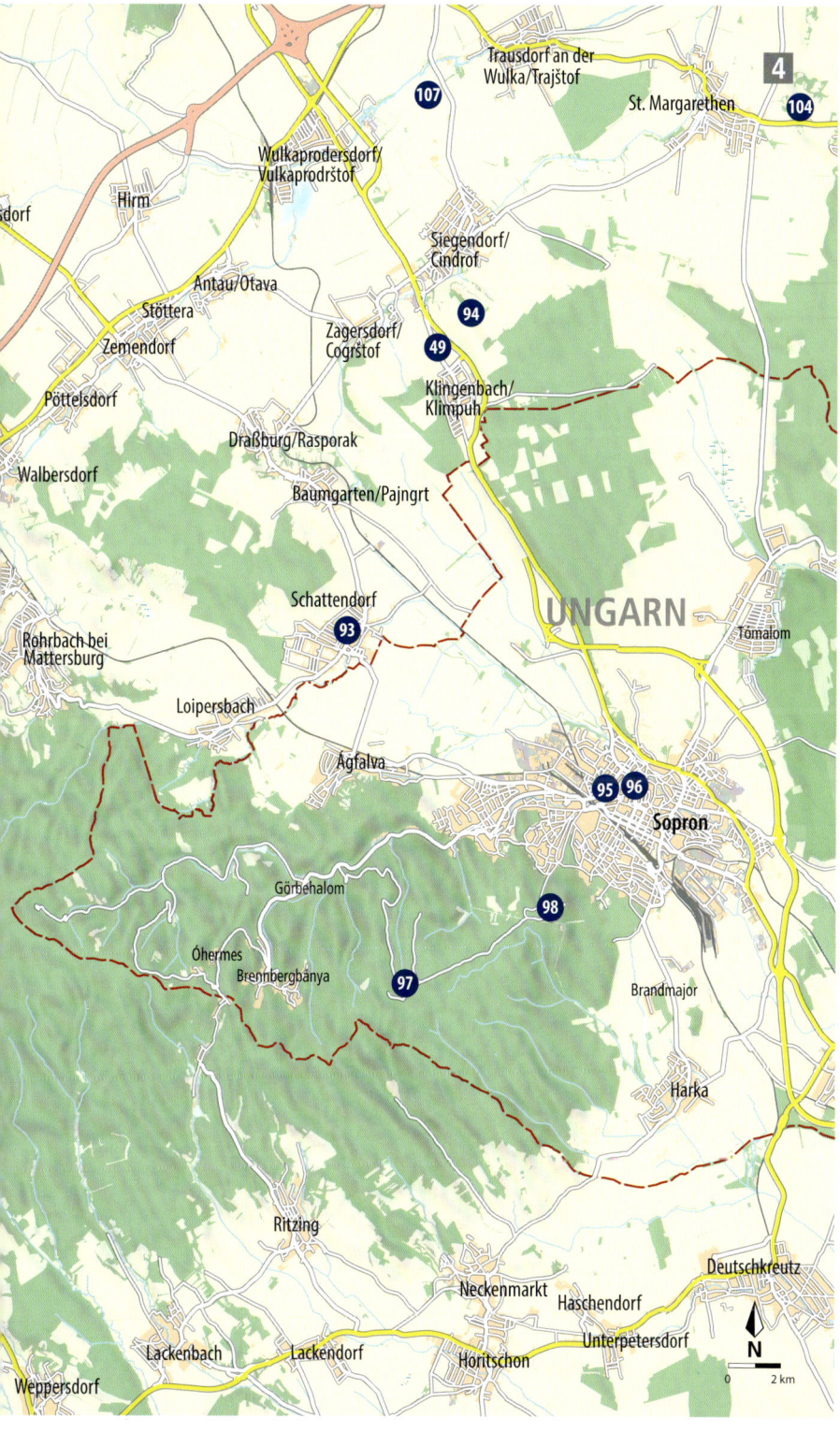

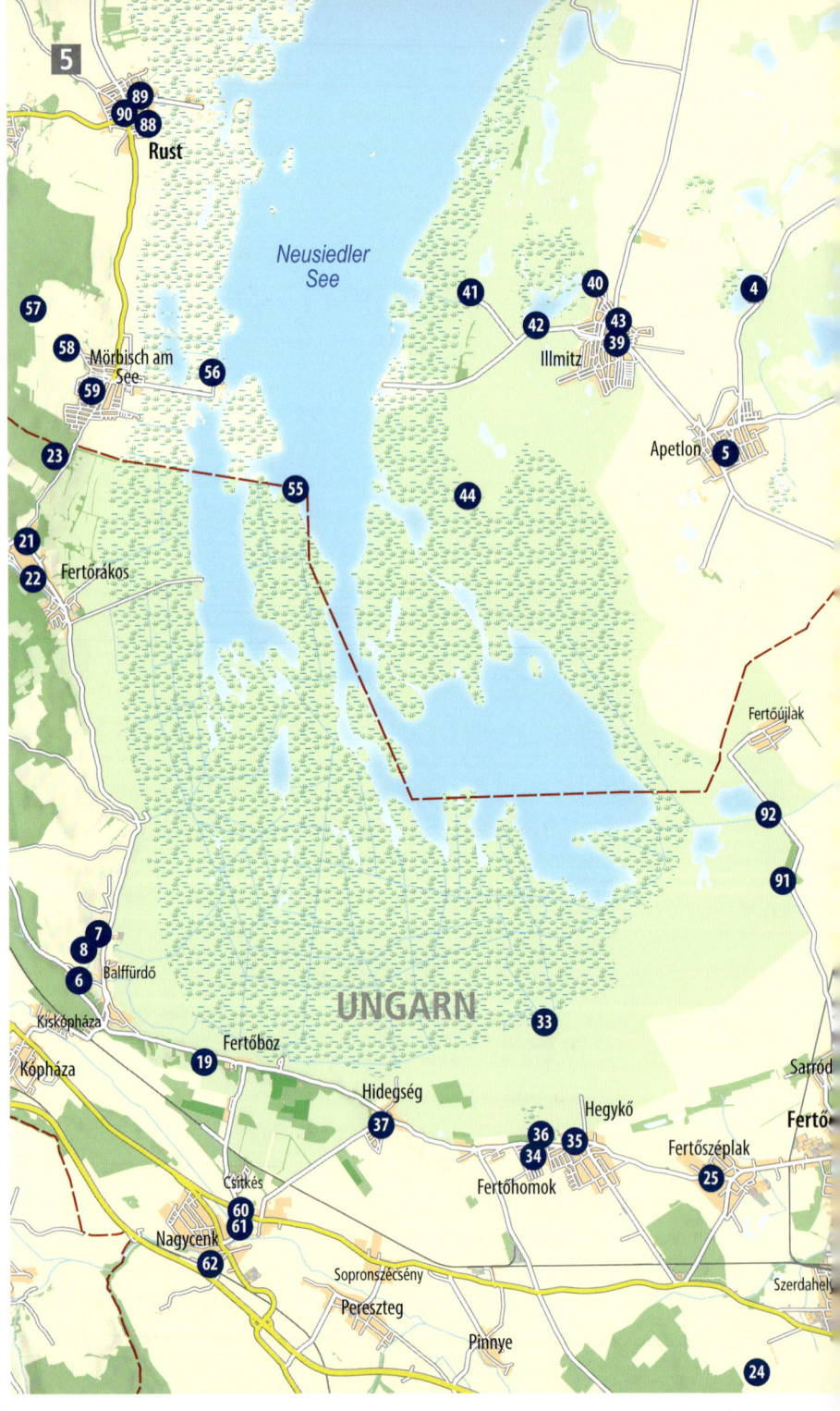

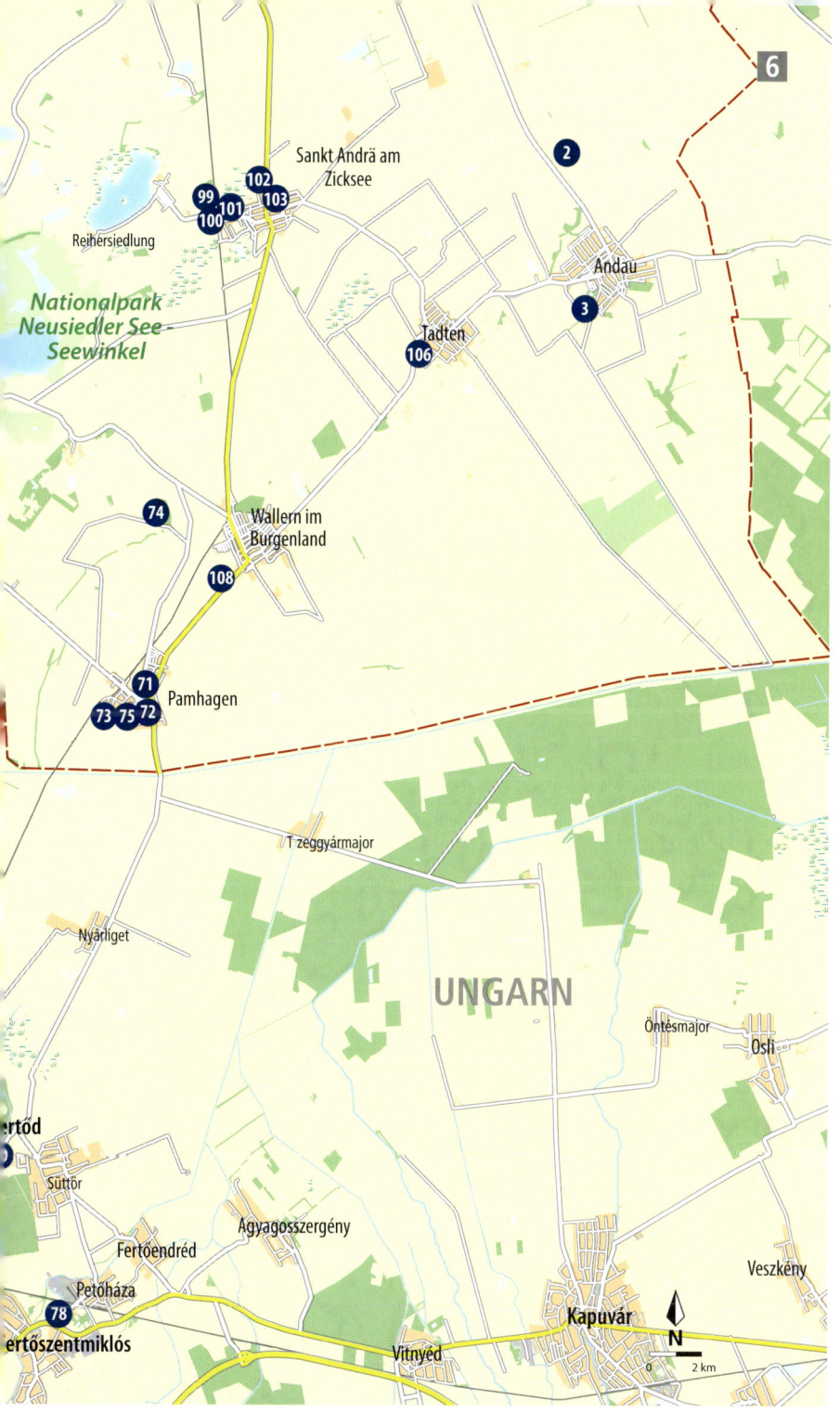

Sankt Andrä am
Zicksee

(2)

Reihersiedlung

Andau

(3)

**Nationalpark
Neusiedler See -
Seewinkel**

Tadten

(106)

(74)

Wallern im
Burgenland

(108)

(71)

Pamhagen

(73) (75) (72)

T zeggyármajor

Nyárliget

UNGARN

Öntésmajor

Osli

ertőd

Süttör

Ágyagosszergény

Fertőendréd

Veszkény

Petőháza

(78)

ertőszentmiklós

Vitnyéd

Kapuvár

N

0   2 km

Andrea Nagele
111 Orte in Klagenfurt und am Wörthersee, die man gesehen haben muss
ISBN 978-3-7408-1093-1

Franz Hlavac, Gisela Hopfmüller
111 Orte in Kärnten, die man gesehen haben muss
ISBN 978-3-7408-1077-1

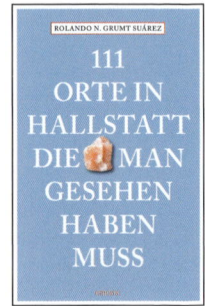

Rolando Suárez
111 Orte in Hallstatt, die man gesehen haben muss
ISBN 978-3-7408-0858-7

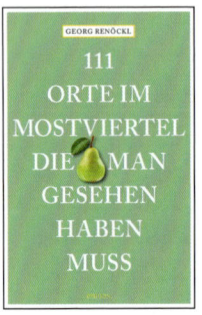

Georg Renöckl
111 Orte im Mostviertel, die man gesehen haben muss
ISBN 978-3-7408-1074-0

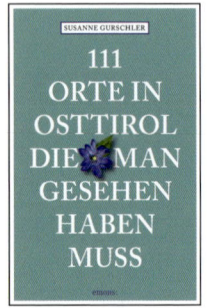

Susanne Gurschler
111 Orte in Osttirol, die man gesehen haben muss
ISBN 978-3-7408-0847-1

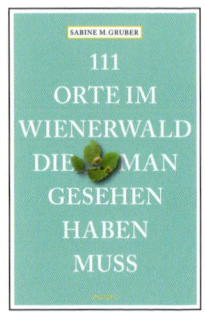

Sabine M. Gruber
111 Orte im Wienerwald, die man gesehen haben muss
ISBN 978-3-7408-0844-0

Günther Pfeifer, Gerhard Hohlstein, Franziska Wohlmann-Pfeifer
111 Orte im Weinviertel, die man gesehen haben muss
ISBN 978-3-7408-0843-3

Daniela Dejnega, Luzia Schrampf
111 Weine aus Österreich, die man getrunken haben muss
ISBN 978-3-7408-0618-7

Sophie Reyer
111 Wiener Orte und ihre Legenden
ISBN 978-3-7408-0674-3

Monika Schmitz
111 Orte im Lungau, die man gesehen haben muss
ISBN 978-3-7408-1309-3

Kristof Halasz
111 Orte in Vorarlberg, die man gesehen haben muss
ISBN 978-3-7408-0568-5

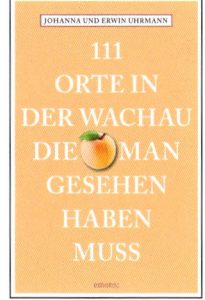

Erwin Uhrmann,
Johanna Uhrmann
111 Orte in der Wachau, die man gesehen haben muss
ISBN 978-3-7408-0565-4

Robert Preis
111 schaurige Orte in der Steiermark, die man gesehen haben muss
ISBN 978-3-7408-0445-9

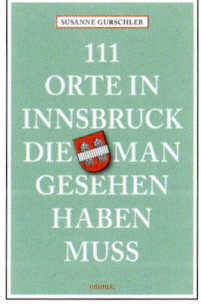

Susanne Gurschler
111 Orte in Innsbruck, die man gesehen haben muss
ISBN 978-3-7408-0343-8

Sabine M. Gruber
111 Orte der Musik in Wien, die man erlebt haben muss
ISBN 978-3-7408-0348-3

Lust auf mehr? Laden Sie sich die »LChoice«-App runter, scannen Sie den QR-Code und bestellen Sie weitere Bücher direkt in Ihrer Buchhandlung.

 **Bernadette Németh** ist Autorin, Ärztin und Journalistin. Sie lebt mit ihrer Familie in Wien und schreibt Belletristik und Reiseführer. Zweisprachig mit Ungarisch aufgewachsen, entdeckte sie schon früh ihre Liebe zum Neusiedler See. Mit ihrer Kamera traute sie sich nun in alle Tiefen und Höhen beider Länder.